KONTAKT GESTALTEN

Gabriele Blankertz | 1964 | Gestalttherapeutin in freier Praxis | Mitbegründerin des Berliner Gestaltinstituts »In Kontakt« und des Berliner Gestalt-Salons.

Gabriele Blankertz

Kontakt gestalten
Wege der Heilung

edition g.
401

ORIGINALAUSGABE
2., durchgesehene Auflage
401 edition g.
Herstellung und Verlag:
BoD – Books on Demand, Norderstedt
© 2015 by Gabriele Blankertz
Wollankstraße 133, 13187 Berlin
Umschlagentwurf von Stefan Blankertz
unter Verwendung der auf Seite 72 abgebildeten Skulptur
Alle Rechte vorbehalten
ISBN 978-3-7347-8805-5

INHALT

STELL' DIR VOR, DEIN LEBEN IST EIN TANZ ...

In der Stille erwacht
tief in deiner Mitte ein Drängen,
das ins Leben will.
Arme breiten sich aus,
Fuß folgt auf Fuß.
Das innen Gespürte
strömt, sprudelt, wirbelt
nach außen.

Innen — außen,
oben — unten,
Festigkeit — Leichtigkeit,
dein Rhythmus,
dein Atem.
Pulsieren im ganzen Körper.
Bewegen — begegnen —
leben.

WOHIN SOLL DIE REISE GEHEN?

»Ja, renn' nur nach dem Glück | Doch renne nicht zu sehr | Denn alle rennen nach dem Glück | Das Glück rennt hinterher.«[1] — Suche nach Glück, Erfolg, Selbstverwirklichung treibt uns alle um und lässt uns Ausschau halten nach alten und neuen Rezepten, nach Lehrern und anderen Ratgebern. Manchmal entdecken wir, dass all die Ratschläge, Methoden und Techniken — so reichhaltig sie scheinen mögen — uns innerlich leer lassen. Spätestens dann sollten wir uns fragen, was das alles mit uns zu tun hat. Wege der Heilung beginnen bei uns selbst, wenn wir in der Lage sind, den Kontakt zu uns selbst, den Anderen und unserer Umwelt aktiv spürend zu gestalten.

Mit »*Kontakt gestalten*« möchte ich zeigen, wie die Gestalttherapie[2] dabei unterstützt, manch eine schwierige Situation im privaten und beruflichen Alltag zu meistern. Dazu werde ich auch einige der mir für die Praxis besonders wertvoll erscheinende Grundkonzepte der Gestalttherapie erläutern und aus meiner therapeutischen Praxis berichten.[3]

---

1 Bertolt Brecht, *Die Ballade von der Unzulänglichkeit menschlichen Planens*, aus: *Die Dreigroschenoper* (1928).
2 Was Gestalttherapie ist, für mich ist, finden Sie weiter unten dargestellt.
3 Namen und biografischen Informationen zu Klientinnen und Klienten sind anonymisiert. Die Klientin *sarah* hat der Verwendung ihrer Bilder und Texte, der Klient Hussein der Darstellung seines Falles zugestimmt.

ETWAS ÜBER MICH

»Mich freut, dass ich weiterhin undressiert | Und lustig blieb ...«⁴ — Wo anfangen? Am Besten bei mir selbst! Geboren 1964, drei Kinder, verheiratet. Diplom-Pädagogin, Gestalttherapeutin IGG (Institut für Gestalttherapie und Gestaltpädagogik, Berlin), Psychotherapie nach dem Heilpraktikergesetz (HPG); Weiterbildungen in Paartherapie, Gruppentherapie, Mediation, Traumatherapie; sowie Tanztherapie, Zen-Meditation ...

Als ich vor 20 Jahren mit und im Berliner IGG die Gestalttherapie entdeckte, hatte ich etwas gefunden, das mich sowohl persönlich als auch beruflich in meiner Arbeit mit Menschen bereicherte. Meine beruflichen Erfahrungen begannen allerdings in Österreich, wo ich als Erzieherin zwei Jahre in einem Landkindergarten und später in Innsbruck zwei weitere Jahre im eigenen Kinderprojekt arbeitete.

Das Werden des Menschen, sein Aufwachsen und Sich-in-die-Gesellschaft-Integrieren interessierte mich früh, jedoch auch das Widerständische. Das prägte meinen beruflichen Lebensweg. Von der Kindergartenerzieherin führte mein Weg zur Erziehungswissenschaft und hier zu interkulturellen Fragestellungen und der Auseinandersetzung mit weiteren gesellschaftlichen Spannungsfeldern. »Dem Leben nahe zu sein«, das war mir ein drängendes Bedürfnis — neben der Wissenschaft und dem Wunsch, Kreativität zu entfalten und mich gesellschaftlich zu engagieren. So entwickelte ich über mein Studium und die Geburt meines ersten Sohnes hinaus innovative Projekte wie die oben erwähnte Kinderbetreuung

---

4 Marina Zwetajewa, 1915 (nach der Übersetzung von Richard Pietraß), in dies., *Liebesgedichte*, Frankfurt/M. 2008, S. 9.

für 1-3jährige, eine Kooperation der Universität Innsbruck mit der Sozialakademie zu dem Thema »Interkulturalität«, abgeschlossen durch die Herausgabe eines Sammelbandes, G. Fuchs,[5] M. Schratz, *Interkulturelles Zusammenleben, aber wie?*, Innsbruck 1994, und künstlerische Arbeiten zur persönlichen Entwicklung.

Der Umzug nach Berlin 1993 brachte mich mit dem Ost-West-Thema nach dem Fall »der Mauer« in Kontakt. Hier spürte und erfuhr ich Geschichte, hier hörte ich Biografien von Menschen, die mir Einblicke in ihre Lebenswelten gaben. Die erste Zeit in Berlin war geprägt vom Erforschen all des Neuen, von der Geburt meines zweiten Sohnes 1993 und meiner Tochter 1997, dem Abschluss der Diplomarbeit 1996 und der Suche nach Möglichkeiten, meine Interessen zu vertiefen und mich weiter zu qualifizieren. Während ich übers Tanzen (Orientalischer Tanz von 1993-2003) meine körperliche und seelische Mitte ausbalancieren konnte, fand ich in der Gestalttherapie eine geistige Heimat.

1995 begann ich die fünfjährige gestalttherapeutische Ausbildung an dem »Institut für Gestalttherapie und Gestaltpädagogik« (IGG), Berlin. Dann: Weiterbildung in Paartherapie und in Gruppentherapie an demselben Institut und eine Weiterbildung in Life/Art/Process, Tanztherapie nach Anna Halprin bei Ursula Schorn; 2015 Weiterbildung in Dialogischer Traumatherapie bei Willi Butollo in München. Darüber hinaus bekam ich durch zahlreiche Fachtagungen viele wichtige Anregungen, die mein Interesse an fachlicher Auseinandersetzung mit Kollegen und theoretischer Vertiefung von Themen über die regelmäßige Supervision hinaus beflügelten und für ein Jahr zu einem verstärkten Engagement im Dachverband der Gestalttherapeuten, der DVG (Deutsche Vereinigung für Gestalttherapie) führte. Alle diese wertvollen Anregungen flossen ein in meine praktische

5 mein Geburtsname.

Arbeit mit den Klienten, die Leitung von Teams, die Entwicklung eigener Projekte.

Ebenfalls 1995 begann ich, mit Familien im aufsuchenden Setting zu arbeiten, und 1999 übernahm ich die fachliche Leitung eines Jugendhilfeträgers. In dieser Zeit waren meine eigenen Kinder noch klein und die Arbeit mit Familien lag mir am Herzen.

Ab 2000 baute ich neben der Leitungstätigkeit meine Gestalt-Praxis auf: Mein Angebot bestand in Einzeltherapie, der Arbeit mit Paaren und Gruppen. Hinzu kamen Aufträge vom »Sozialpsychiatrischen Dienst«.

Meine Erfahrungen in der Arbeit mit Menschen, die unter Problemen wie Depression, Ängsten, Panikattacken, nicht verarbeiteten traumatischen Erfahrungen, »Burn-out« und anderem leiden oder die sich persönlich weiter entwickeln wollen, führten zu der Entscheidung, die Praxis mehr und mehr auszubauen.

Seit 2010 arbeite ich ausschließlich freiberuflich als Gestalttherapeutin in eigener Praxis. 2011 eröffnete ich den *Berliner Gestaltsalon* gemeinsam mit Stefan Blankertz, meinem zweiten Ehemann. Dies ist eine Plattform zum Austausch über gesellschaftlich und therapeutisch relevante Themen in einem größeren Kollegenkreis. Seit 2013 bin ich am Gestalt-Institut Köln und Kassel (GIK) als Gastdozentin tätig. Ende 2014 gründete ich mit meinen Kolleginnen Christiane Weber und Silke Wolf das *InKontakt* Gestaltinstitut Berlin.

Darüber hinaus begleitet mich seit vielen Jahren meine Zen-Meditations-Praxis. Mein Interesse an der Transformation des Buddhismus durch westliche Zen-Lehrer, im Besonderen den Arbeiten des Zen-Roshi Bernie Glassman und seiner Frau Eve Marko, begann 1996. Ich entwickelte eine Meditations-Praxis und wurde Zen-Schülerin von Eve Marko, USA.

DAS EINGEFRORENE SELBSTBILD
UND DIE ANGST VOR GESICHTSVERLUST

»meine marionettenfäden sind die | süßverfaulten lampen die ich umflattere.«[6] — Viele Menschen arbeiten hart am Image. Sie wollen in ihrem Beruf kompetent und souverän sein, dynamisch und vital; sie haben Pläne für ihr Leben und sie arbeiten daran mit großer Disziplin und vollem Einsatz. Sie sind bemüht, dieses einmal erreichte Bild von sich aufrecht zu halten, und sie leben mit dem Gefühl »das bin ich«. Sie sind identifiziert mit diesem Teil ihres Selbst, der Anerkennung und Ansehen bringt. Sie sind in Kontakt mit ihrer Leistungsfähigkeit, mit ihrer Selbstdisziplin, ihrem Können, ihrem guten Geschmack, etc. Obwohl das Leben optimal zu laufen scheint, ist das Selbstbild permanent bedroht und muss mit hohem Energieaufwand aufrechterhalten werden. Die Vorstellung von Schwäche, Mangel an Kompetenz oder Attraktivität werden als bedrohlich empfunden und bekämpft. Auf diese Weise geraten viele Menschen in einen Erschöpfungszustand, der als »Burn-out« bekannt ist. Was ist hier geschehen? Waren die Arbeitsanforderungen zu hoch, die Erwartungen der Umwelt zu groß, die Ziele unerreichbar fern? Untersuchen wir das Kontaktgeschehen, welches zum Burnout geführt hat, etwas genauer, dann können wir feststellen, dass grundlegende Bedürfnisse über eine längere Zeit nicht befriedigt worden sind, dass der Kontakt zu diesen Grundbedürfnissen verloren gegangen ist. Das heißt, die Wahrnehmung für das, was wirklich ist, wurde überlagert mit Vorstellungen, wie etwas — auch sie selbst — sein sollte. Innere Überzeugungen schränken die Handlungsmöglichkeiten ein

6 Elfriede Jelinek, *Ende: Gedichte 1966-1968*, München 2000, S. 5.

oder treiben zu Perfektion an. Für die Aufrechterhaltung dieses bestimmten Selbstbildes wurden wichtige Bedürfnisse aufgegeben.

Diese Bedürfnisse wurden wie störende Kinder behandelt, denen man gebietet, zu schweigen, sich in ihr Zimmer zu verziehen oder sich gefälligst zusammenzureißen und nicht »rumzuheulen«. Überforderung, Erschöpfung, Schwächegefühle, Unsicherheit etc. wurden aus der Furcht heraus, Liebe, Anerkennung und Ansehen zu verlieren, bekämpft. Burnout sehe ich als einen Zusammenbruch des gesamten Organismus. Nichts funktioniert mehr »so wie früher«. Die gesunde Selbstregulation ist gestört. Der Organismus ist in seiner Gesamtheit betroffen — die psychischen ebenso wie die somatischen Funktionen. Daueranspannung verhindert ein Zur-Ruhe-Kommen, die Konzentration lässt nach und auch die Merkfähigkeit wird zunehmend beeinträchtigt. Angst und Panikattacken treten ein und halten in einem überwachen Zustand. Erschöpfung macht sich breit und Selbstzweifel beginnen zu nagen, ein sozialer Rückzug setzt ein, soziale Kontakte werden zur Belastung und zunehmend vermieden. Es kommt zu ersten störenden, Alltag und Lebensfreude, ja die körperliche Gesundheit bedrohenden Symptomen wie Schlafstörungen, Angstzustände, Panikattacken, Depression und Suizidgedanken. Auf der körperlichen Ebene kann es zu erhöhter Infektanfälligkeit, zu Bluthochdruck, zu Kopfschmerzen, zu Rückenschmerzen, zu Magenschmerzen, zu Tinitus, zu Hörsturz, zu Zuckerkrankheit, zu Herzrasen bis Herzbeschwerden und Infarkt, Suchterkrankung, Kontrollverlust, Störung von Potenz, Libido, Fruchtbarkeit kommen. Um herauszufinden, was gut für uns ist und was wir als sinnvoll empfinden, müssen wir unsere Bedürfnisse wahrnehmen, müssen wir die Umwelt kennen und richtig einschätzen lernen, müssen wir all das Wahrgenommene für uns sinnvoll ordnen und Prioritäten setzen, planen, unsere Pläne veränderten Lebensumständen anpassen, Energie (Aggression) mobilisieren, um unser Leben sinnvoll und angemessen zu gestalten. Dazu gehört, wichtige Bedürfnisse zu befriedigen. Wenn dies eintritt, sind wir zufrieden und fühlen uns gestärkt. Wir können uns entspannen, bis neue Bedürfnisse, Wünsche, Ideen entstehen und der Prozess von vorne beginnt. Gerät ein Mensch in einen Zustand völliger Erschöpfung, kann man davon ausgehen, dass der gesunde Kontaktprozess gestört ist, sodass Entspannung, Befriedigung, inneres Wachstum, Zufriedenheit ausbleiben. Der Kontaktprozess bleibt unabgeschlossen oder, wie wir sagen, »die Gestalt bleibt offen«.

Wie wird der Kontakt unterbrochen? Ich spüre meine Bedürfnisse nicht oder nicht deutlich, dann fehlt eine innere Orientierung für mein Handeln. Ich orientiere mich vielleicht stärker an Erwartungen, die an mich gestellt werden oder an Vorstellungen, wie etwas zu sein hat. Selbst wenn ich diesen inneren oder äußeren Erwartungen gut entspreche, kann es sein, dass ich nicht zufrieden bin. Es kann auch sein, dass ich meine Bedürfnisse zwar spüre und weiß, was ich brauche, es von der Umwelt — Partner, Firma, Gesellschaft — jedoch nicht bekomme. Beispielsweise kann es sein, dass mein Arbeitgeber mich permanent mit Erwartungen an Leistung, Flexibilität, etc. überfordert. Wenn ich mich dagegen nicht wehre, erschöpft sich meine Energie in dem Bemühen, den Anforderungen der Umwelt gerecht zu werden; die eigenen Bedürfnisse dagegen bleiben unbefriedigt.

Auf Dauer ist das kein guter Zustand. Denn die Aggression, ursprünglich zur Befriedigung der eigenen Bedürfnisse und der Erreichung sinnvoller Ziele benötigt, bleibt entweder als Spannung erhalten oder entlädt sich auf destruktive Weise, etwa gegenüber den Kindern, die häufig Leidtragende frustrierter Eltern sind, dem Partner, den Kollegen, oder auch gegen sich selbst.

In der Gestalttherapie untersuchen wir die psychischen Mechanismen, die verhindern, dass grundlegende Bedürfnisse befriedigt und dass offene Gestalten geschlossen werden. Sie macht innere oder äußere Konflikte deutlich, die bislang ausgeblendet wurden. Das Eintreten für die eigenen Bedürfnisse und für das Erreichen als sinnvoll empfundener Ziele, erfordert eine Konfliktfähigkeit — eine Bereitschaft, sich der Auseinandersetzung zu stellen. Diese unterstützen wir durch das Setting dialogischen Experimentierens und übertragen es in alltägliche Situationen.

Aus einer Lebensführung, welche zu einer sich steigernden Schwächung des Organismus führt, auszusteigen, ist nicht leicht. Es erfordert ein beträchtliches Maß an Ich-Stärke, sich den Gewohnheiten zu widersetzen, das Bild von sich selbst zu korrigieren. Oft will man, nach Außen ein Bild von Stärke, Souveränität, Tatkraft, Können gepaart mit scheinbarer Bedürfnislosigkeit aufrechterhalten. Ein anderes problematisches Selbstbild ist das eines Machtlosen, der sich nicht wehren kann. Ein Ausstieg gelingt dann meist erst, wenn der Körper versagt oder der Arzt eine Pause verordnet. Gerade die Unfähigkeit, für die eigenen Bedürfnisse einzutreten, etwas zu fordern, zu wollen, Wünsche zu äußern oder »Nein!« zu sagen, haben zu eben dieser Schwächung des Organismus geführt. Um auszusteigen, braucht es ein starkes »Nein!« zu den Anforderungen von außen aber auch gegenüber dem inneren Antreiber. Behelfsweise kann dies oder muss dies von einem Therapeuten oder Arzt ausgesprochen werden. Eine »Auszeit« kann ein Anfang sein, um die dringend benötigte körperliche Regeneration sicherzustellen. Die Pause allein hilft jedoch nicht, zu einem selbstverantwortlichen Handeln

7 Als »Introjektion« bezeichnet die Gestalttherapie die »unverdaute«, »unassimilierte« oder »unangepasste« Aufnahme von Nahrung oder Normen usw. Dinge werden »als Ganzes« geschluckt, ohne angepasst (integriert) zu werden. Introjektion ist Schlucken, ohne das Geschluckte zu zerkleinern bzw. zu verändern. Das können unzerkaute Lebensmittel eben-

und zur nötigen Selbstfürsorge zu kommen. Zu stark sind gewohnte Muster und leitende innere Sätze (»Introjekte«).[7] Für eine längerfristige Perspektive der inneren Stabilisierung ist eine bewusste Auseinandersetzung mit sich selbst und der gegenwärtigen Lebenssituation unumgänglich. Ich muss lernen, wirklich Verantwortung für mein Wohlergehen zu übernehmen und entsprechend mein Leben so zu ordnen, dass ich mein Handeln wieder als sinnvoll empfinde.

»Also — es geht nicht. | Also — es lohnt nicht. | Klagen — das hilft nicht.«[8] — Vor einigen Jahren kam eine Klientin zu mir, deren Hausärztin meinte, sie brauche sehr dringend Psychotherapie, ihre Erschöpfung und diverse körperliche Symptome wiesen darauf hin, dass sie hochgradig Burn-out-gefährdet sei. Die Klientin, eine Frau Mitte 50, hatte in den letzten fünfzehn Jahren eine Anwaltskanzlei zusammen mit ihrem Chef aufgebaut. Sie war überaus engagiert und ehrgeizig, ihre Arbeit gut zu machen. Mit ihrem Chef verbanden sie freundschaftliche Gefühle, die sich im Laufe der Zeit aber in Ärger verwandelt haben. Der Ärger bezog sich auf seine »chaotische Art«, die Arbeit zu organisieren, was sie auszugleichen versuchte und ihr Sorgen bereitete. Gleichzeitig wünschte sie sich, dass er ihrem zusätzlichen Engagement mehr Dankbarkeit entgegenbringen würde. Als sie zu mir in die Praxis kam, fühlte sie sich derart erschöpft, dass sie meinte, am liebsten alles hinschmeißen zu wollen. Es wurde deutlich, dass sie nach dem Motto »ganz oder gar nicht« sich bei der Arbeit völlig verausgabte und dann als Ausweg nur Flucht blieb, »es hinzuschmeißen«. Sie vermied jedes Spüren — den Körper, die Müdigkeit — und das Gespürte

so sein wie unverstandene oder uneingesehene Normen. Das introjizierte »Ding« ist das »Introjekt«. Die Introjektion negiert das Subjekt, das verändernd auf das Objekt einwirkt. Wer introjiziert, macht keine Erfahrung.
8 Marina Zwetajewa, *Liebesgedichte*, Frankfurt/M. 2008, »Berggedicht« (1924, Übersetzer Felix Philipp Ingold), S. 57.

ernst zu nehmen. Gegenüber ihrem Chef wollte sie keine Schwäche zeigen. Sie stellte sich vor, er würde sie dann verachten, »belächeln«. Gleichzeitig machte sie ihm seine Art, die Kanzlei zu führen, zum Vorwurf, wollte ihn »erziehen«, damit sie nicht sein Chaos in Ordnung bringen müsse. Mit großer Härte und mit viel Energieaufwand kämpfte sie gegen ihre »Schwäche« und gegen die »Macken« ihres Chefs. Unerbittlich versuchte sie, das Selbstbild einer souveränen, selbstbewussten, unabhängigen Frau, die kompetent einen harten beruflichen Weg geht, aufrecht zu halten. Niemand durfte merken, dass sie erschöpft war, niemand durfte merken, dass sie sich seit langem eine Beziehung wünschte, niemand durfte sehen, wie sehr sie darunter litt, dass sie genau das nicht hatte. Lange Zeit hatte sie als alleinerziehende Mutter ihren Sohn großgezogen. Nun da er sein eigenes Leben lebt, ist eine Leere entstanden, die ihr vorher nicht so aufgefallen war. Sie begann, sich zunehmend über ihren Chef zu ärgern, von dem sie sich wünschte, dass er sah, wie viel sie für sein Büro tat und der ihr Anerkennung und Wertschätzung entgegenbringen sollte. Aber er sah sie nicht so, wie sie sich das wünschte. Das erhöhte ihre Frustration und Wut auf ihn, gleichzeitig fühlte sie sich sehr abhängig von ihm — vordergründig finanziell, aber darüber hinaus auch emotional. Erst als sie begann, wirklich zu spüren, wie sie sich fühlte, entwickelte sie eine differenziertere Idee davon, was ihr gut tun könnte, was sie brauchte. Anfangs erschrak sie über ihre Wünsche und hielt sie für gänzlich unmöglich. Sie traute sich nicht mehr viel zu, obwohl sie ihren Job sehr kompetent ausführte und von Mandanten gute Rückmeldungen bekam. Allmählich wich die Vorstellung, alles »hinschmeißen« zu wollen; es wurde möglich, über eine ausgiebige Erholung und kleine Schritte in eine neue Richtung nachzudenken. Mehr und mehr übernahm sie die Verantwortung für die Sorge um sich selbst. Sie begann, am

Arbeitsplatz für ihre konkreten Interessen einzutreten, sie erlebte, dass sie durchaus in der Lage war, diese ihre Interessen dem Chef gegenüber zu vertreten. Zugleich erkannte sie, dass wesentliche Bedürfnisse andere Adressaten brauchten; ihr Chef war nicht der Richtige, wenn es um Liebe und Anerkennung ging. Als sie von ihrem Chef emotional unabhängiger wurde, konnte sie sich auch aus dieser langen Arbeitsbeziehung lösen und nach neuen für sie sinnvollen Aufgaben suchen, Aufgaben, die ihren Bedürfnissen besser gerecht wurden.

Diese Klientin war in einer Familie aufgewachsen, in der Selbstaufopferung für Andere hoch angesehen war. Eigene Bedürftigkeit wurde verachtet. Diese Haltung ging von beiden Eltern, im Besonderen aber von ihrem Vater aus, den sie liebte und von dem sie »streng aber gerecht« behandelt wurde. Trotz ihrer immensen Bemühung, eine gute Tochter zu sein, wurde ihr wenig Zuwendung und Liebe zuteil, Nettigkeiten oder Umarmung kamen nicht vor. Leistung und Selbständigkeit wurden belohnt. Die Klientin hatte den Schmerz über die mangelnde Zuwendung verdrängt und sich mit der elterlichen Haltung identifiziert. Etwas vom Anderen zu brauchen, ordnete sie als Schwäche ein, die sie bekämpfte. Die wichtigen Bedürfnisse nach Zuwendung und Fürsorge blieben weitgehend unerfüllt.

Die Mutter war, wie auch der Vater, wenig für sie da. Die Eltern waren beruflich völlig im eigenen Laden eingebunden und mussten von daher früh aufstehen. So lernte sie von jungen Jahren an, dass keiner für ihre kindlichen Bedürfnisse nach Nähe und Fürsorglichkeit Zeit hatte. Die Eltern kümmerten sich zwar, indem sie die Versorgung sicherstellten, aber sie waren eben nicht da für das kindliche Anlehnungsbedürfnis. Die Eltern waren viel außer Haus und kamen mit dem Haushalt oft nicht zu Rande, so manches blieb liegen oder wurde improvisiert. Das empfand sie als chaotisch.

Später war ihr das Chaos zu Hause peinlich und sie brachte selten Freunde aus der Schule mit. Sie schämte sich für ihr Zuhause und versuchte, es zu verbergen. Sie musste in der Therapie erst wieder den Zugang zu ihren Bedürfnissen gewinnen und spüren, was sie wirklich vermisste.

Indem sie sich das erlaubte, spürte sie auch den Schmerz des Kindes, das auf Zeichen von Zuneigung vergeblich wartete. Sie begann, die Verwirrung zu verstehen, die dadurch entstanden war, dass sie als Kind angefangen hatte, in der Härte des Vaters und der unausgesprochenen Bedürftigkeit der Mutter Liebe zu vermuten. Das so verwirrte Kind beginnt, seiner eigenen Wahrnehmung zu misstrauen. Erst nach Verarbeitung des Schmerzes über die nicht erfüllten Wünsche nach Liebe und Geborgenheit und die Scham über das mangelhafte Zuhause, konnte sie sich neuen befriedigenden Kontakten zuwenden.

SICHERHEITSRUF STATT KONTAKTVOLLER
KONFLIKTLÖSUNG

»In seine Sicherheiten | sind auf einmal Türen gebrochen.«[9] — Angst vor Gewalt und Verletzung, oftmals in der Kindheit schmerzlich erlebt, nähren den Ruf nach Sicherheitssystemen; nach einer Macht im Außen, die dafür sorgen soll, dass man mich nicht verletzt und dass meine Interessen geschützt werden. Das reicht vom Wunsch von Eltern kleiner Kinder, die Erzieherinnen sollten dafür sorgen, dass kein anderes Kind dem eigenen auch bloß einen Kratzer zufügt, bis hin zu Nachbarschaftskonflikten, um die sich Richter kümmern sollen, oder die Vorstellungen, dass wir über entsprechende Verhaltenstrainings ein friedlicheres Verhalten entwickeln würden.

Ich halte diese Vorstellungen für einen Irrglauben und zwar aus folgenden Gründen: Tatsächliche Problem- und Konfliktfelder bleiben verdeckt, das Individuum wird in seiner Fähigkeit geschwächt, für sich sinnvolle Ziele zu entwickeln und für sie einzutreten; Kompetenz und Stärke werden an Andere, an die Institutionen, an den Staat abgegeben. Notwendigerweise wird der Ruf nach immer stärkeren »Einsatztruppen« um so lauter, je weniger die Menschen über Fähigkeiten verfügen, im Kontakt mit Anderen Konflikte zu lösen. Die eigene Ohnmacht wird größer in genau dem Ausmaße, in welchem einem die Fähigkeiten, Konflikte selber zu lösen, abgenommen werden. Angst und Bedrohtheitsgefühl nehmen zu.

Aus meiner Sicht bietet der Gestaltansatz ein hilfreiches

9 Erich Fried, *Gedichte* (hg. v. Klaus Wagenbach), München 2007, Durchlässig (1970), S. 33.

Erklärungsmodell für die beschriebene Dynamik, aber auch einen Lösungsansatz. Dazu ist es wiederum nötig, das Kontaktgeschehen genauer unter die Lupe zu nehmen.

Wir gehen davon aus, dass ein gesunder Mensch in der Lage ist zu spüren, was er braucht, dass er Ziele entwickeln und Energie (Aggression) mobilisieren kann, um seine Ziele zu erreichen und sie gegebenenfalls abzuändern. Das erfordert, eigene Bedürfnisse wahrzunehmen und auf deren Befriedigung hinzustreben. Man muss Kontakt mit der Umwelt aufnehmen und muss sie dahingehend einschätzen, ob sie mir bietet, was ich brauche oder nicht. Auch muss ich einschätzen, ob die Umwelt mir wohlgesonnen oder ablehnend bis feindlich gegenübersteht. Die eigenen Fähigkeiten und die Kompetenzen im Kontakt mit der Umwelt muss man ebenso realistisch einschätzen können.

Für meine Sicherheit einzutreten, mobilisiert Energie. Wir sprechen von »Aggression«, die benötigt wird, um für sich einzutreten, um sich gegen schädigenden Umwelteinfluss zu schützen, um sich zu verteidigen.

Dazu benötige ich einen guten Kontakt zu mir selbst — zu meinem Körper, meinen Emotionen, meinen geistigen Fähigkeiten, meiner sprachlichen Kompetenz, meiner Fähigkeit mit Spannung umzugehen. Zugleich benötige ich einen guten Kontakt zu meiner Umwelt: Ich nutze meine Sinne, um die Umwelt wahrzunehmen und einzuschätzen, ob sie mir schaden könnte und ich mich schützen muss.

»Unheilbar sprudelt es: Leben.«[10] — Ob ich eine Umwelt als bedrohlich einschätze oder in ihr eine Herausforderung sehe, hängt von den Erfahrungen ab, die ich im Laufe meines Lebens gesammelt habe. Eine warmherzige, ermutigende Atmosphäre, in der Kinder ihren Kräften entsprechend die

10 Marina Zwetajewa, *Die Adern geöffnet* (1934), übersetzt von Elke Erb, in: dies., *Vogelbeerbaum*, München 1999, S. 105.

24

Welt erforschen und Hindernisse bewältigen lernen, verschafft einen guten Boden für spätere Herausforderungen. Die Menschen, die in ihrer Kindheit den Freiraum hatten und ermutigt wurden, selbstständig soziale Erfahrungen mit Gleichaltrigen zu sammeln, können auf die früh erworbene Kompetenz im Aushandeln zurückgreifen ... haben weniger Furcht vor der Konfrontation, weil sie lernten, im Kontakt die eigenen und die Kräfte des Anderen einzuschätzen.

Ich erinnere mich an eine Szene in meiner Grundschulzeit. Freunde von mir, die im selben Dorf wohnten wie ich, wurden wegen ihrer roten Haare oft von den Kindern aus dem Nachbardorf gehänselt und belästigt. Eines Tages trugen wir Kinder diesen Konflikt nach dem Unterricht auf dem Nachhauseweg handgreiflich aus. Einige der Kinder, die wie ich die Angriffe auf die Geschwister nicht in Ordnung fanden, solidarisierten sich mit ihnen und verhalfen ihnen zu einer Position in der Kindergemeinschaft, die sie stärkte und vor weiteren Angriffen schützte. Wirklich zu Schaden war niemand gekommen, abgesehen von einigen blauen Flecken. Aber alle hatten etwas gelernt: Die Grenze, die wir Kinder als moralisch akzeptabel einschätzten, wurde gemeinsam errungen. Damit war für die ganze Gruppe sichergestellt, dass Schwächere geschützt wurden und niemand aus der Gruppe herausfiel.

In der Gestalttherapie sprechen wir von »kreativer Anpassung«, wenn ich mit meinen Interessen, Wünschen, Forderungen auf meine Umwelt, andere Menschen einwirke und gleichzeitig diese Umwelt auf mich Einfluss ausübt. So findet an der Kontaktgrenze — zwischen mir und dir — eine Annäherung statt, die beide verändert. Das möchte ich mit einem Beispiel aus einer sozialpädagogischen Supervisionsgruppe verdeutlichen.

Noch relativ zu Beginn des Gruppenprozesses, in der Phase des Kennenlernens, kam es zu einer heftigen verbalen Reaktion eines Teilnehmers, den ich hier Klaus nenne, auf eine Teilnehmerin, hier Andrea genannt. Jene Heftigkeit hatte alle überrascht, auch Klaus selbst. In dieser Phase des Prozesses waren die Teilnehmer noch unsicher miteinander und Sicherheit war für alle ein Thema. Um sich mit sensiblen Anliegen in die Gruppe einbringen zu können, ist es nötig, sich ausreichend sicher zu fühlen. Eine solche Sicherheit im Kontakt mit den anderen musste erst noch entstehen.

Für beide Teilnehmer und die restliche Gruppe, die Zeuge des Vorfalls war, war es wichtig zu benennen, wie es ihnen mit dem Erlebten ging. Klaus berichtete, dass er, während er der Gruppe etwas über eine schwierige Situation in einer Familie erzählte, Andreas Gesichtsausdruck als »mitleidig« wahrgenommen habe. Das konnte er nicht ertragen, so war seine Stimme laut und gebieterisch geworden, um ihr zu bedeuten, sie solle ihn nicht so mitleidig anschauen. Andrea, die neben ihm saß, war sich ihres Blickes nicht bewusst und meinte, bei seiner Erzählung habe sie »Anteilnahme« empfunden. Sie fand die Geschichte traurig und es würde ihr leidtun, wenn sie ihn damit verletzt hätte. Sie wollte ihm nicht zu nahe treten. Von den anderen Teilnehmern gab es einerseits Verständnis für Klaus, aber auch die Rückmeldung, dass sie die Reaktion von Klaus heftig fanden und sie Andrea in Schutz nehmen wollten. Vorerst schien alles ausgesprochen, was für die Teilnehmer von Interesse war.

In den folgenden Sitzungen war Sicherheit immer wieder ein zentrales Thema. Andrea berichtete, dass die verbale Heftigkeit von Klaus in ihr nachgewirkt habe, und sie wünschte sich, dass sich die Gruppe darauf einige, »nicht so miteinander umzugehen«. Andere Teilnehmer meinten, das wäre nicht in ihrem Interesse, da sie ja gerade dadurch lernen würden, mit schwierigen sozialen Situationen umzugehen. Auch Klaus wünschte sich, dass Andrea ihre Gefühle nicht zurückhalten möge, sondern diese mitteilen, da er einschätze, ihn werde das in seiner Entwicklung weiterbringen. Andrea war offensichtlich nicht zufrieden mit dem Ergebnis und ich hatte den Eindruck, sie würde sich aus der Gruppe zurückziehen. So lud ich sie ein, noch mal genau zu prüfen und zu spüren, was ihr in der Gruppe genügend Sicherheit geben könnte. Denn darüber waren sich alle einig, dass es für sie wichtig war, sich ausreichend sicher mit den Anderen zu fühlen, damit sie ihre Anliegen auch einbringen konnten. Andrea konnte benennen, dass sie sich mit allen außer mit Klaus sicher fühlen würde. Auf meine Frage, was sie von ihm brauche, antwortete sie, er müsse sie so akzeptieren, wie sie sei. Das konnte er ihr versichern. Dennoch blieb Andrea weiterhin vorsichtig mit Klaus, während gleichzeitig ihre Fähigkeit zunahm, für sich einzutreten, und der Mut stieg, sich mit eigenen Themen einzubringen und zu zeigen. Sie wurde in der Gruppe lebendiger und energievoller. Nach einem halben Jahr meinte sie am Ende einer Sitzung, sie habe zu Beginn nicht gedacht, dass sich ihr Verhältnis zu Klaus so positiv entwickeln und der gesamte Prozess in der Gruppe sie so stärken werde.

Für Andrea war es wichtig, dass ihr Sicherheitsbedürfnis ernst genommen wurde. Sie brauchte Unterstützung darin, sich die eigenen Bedürfnisse zuzugestehen und sie gegenüber Anderen zu vertreten. Zu Beginn gab es für sie bloß die beiden Möglichkeiten, sich zurückzuziehen oder eine Forderung nach einer allgemeinen Verhaltensregelung zu stellen, die der Gruppe emotionale Zurückhaltung auferlegt hätte. In beiden Fällen hätte sich das lähmend auf den Supervisionsprozess ausgewirkt. Indem ich ihren Wunsch nach Sicherheit zwar unterstützt, nicht aber ihrer Idee zugestimmt hatte, war es möglich, dass die Gruppenteilnehmer ihr eigenes Bedürfnis nach Sicherheit erforschen und benennen konnten. Dadurch bekamen alle ein Gefühl dafür, was sie von einander brauchten.

So wuchs das gegenseitige Vertrauen und damit der Boden, sich mit schwierigen Themen einzubringen.

Indem sie die eigene Wirkung im Kontakt mit den Anderen erfahren hatte und sie durch die Resonanz der Gruppe die Erfahrung des »Angenommenseins, wie ich bin« machen konnte, wurde sie sicherer darin, für ihr Bedürfnis — auch nach Sicherheit — einzutreten. Die Erfahrung in der Gruppe unterstützte ihr Vertrauen in sich selbst, stärkte sie, ließ sie innerlich wachsen.

»Du wirst nicht unnütz sein. | Aber auch nicht einer | Wie wir! Den Enkeln zur Last«[11] — Über die *richtige* Erziehung wurde viel geschrieben und darüber, was Kinder für ihre Entwicklung brauchen; nur selten dachte man auch an die Eltern und was sie brauchen, um all den Anforderungen gerecht zu werden. Ja, ich möchte die Leser dazu einladen, Erziehung als einen Weg des gemeinsamen Lernens und der gemeinsamen Entwicklung zu verstehen. Ja, ich möchte die Eltern dazu einladen, sich zu erlauben, so »vermessen« zu sein, über ihr Glücklichsein nachzudenken und sich dabei an eigene kindliche Gefühle zu erinnern. »Die kindlichen Gefühle sind von Bedeutung nicht als etwas Vergangenes, dessen man sich entledigen müsste, sondern als einige der schönsten Kräfte im Leben des Erwachsenen, die wiederhergestellt werden müssen.«[12]

Eltern wirken durch ihre Art, in der Welt zu sein, auf eine erste und das weitere Leben von Kindern prägende Weise. Für ein Kind macht es einen wesentlichen Unterschied, ob seine Eltern glückliche Menschen oder ob sie gestresste, unzufriedene, unglückliche oder gar verhärtete und gehässige Menschen sind. Wenn sie die Wahl hätten, würden Kinder lieber zu glücklichen Menschen gehen, in deren Nähe man sich einfach wohlfühlt. Tatsächlich beschreiben Klienten, die zu mir in Therapie kommen, immer wieder, wie wichtig es in ihrer Kindheit war, in ihrem Umfeld einen Menschen

---

11 Marina Zwetajewa, *Strophen an den Sohn* (1932), übersetzt von Rainer Kirsch, in: dies., *Vogelbeerbaum*, München 1999, S. 101.
12 Perls, Hefferline und Goodman, *Gestalttherapie* (1951), München 1991, Band »Grundlagen«, S. 85.

gehabt zu haben, der tiefe Herzlichkeit ausstrahlte. Oft waren es Omas oder Nachbarn, in deren Nähe diese Kinder einen Halt gebenden warmherzigen Raum vorfanden, in welchem sie sich so gesehen und angenommen fühlten, wie sie waren. Kinder brauchen glückliche Eltern: Glückliche Eltern zu haben, ist kein Luxus, sondern notwendige Voraussetzung dafür, dass Kinder sich frei entwickeln können und selbst glückliche Menschen werden, ohne das Unglück der Eltern als Last im eigenen Leben mittragen zu müssen.

Die Verantwortung der Eltern ist es daher, sich darum zu kümmern, selbst glückliche und zufriedene Menschen zu werden.

Das ist keine leichte Aufgabe. Aber nur so werden sie ihre Kinder von jener Last befreien, die »unerledigten« Geschichten gleichsam stellvertretend für die Eltern erledigen zu müssen. »Unerledigt« nennen wir in der Gestalttherapie Erfahrungen und Erlebnisse dann, wenn sie nicht verarbeitet oder, bildlich gesprochen, verdaut werden konnten. Dies sind oft Erfahrungen, die leidvoll, frustrierend oder bedrohlich waren und die verdrängt wurden. Ja, ich möchte Eltern einladen, sich auf die Spurensuche zu machen und ihren Geschichten nachzugehen, die hinter dem Unglücklichsein oder Unzufriedensein stehen. Erst wenn wir unsere alten Verletzungen sehen und die Zusammenhänge mit unserer Gegenwart erkennen, können wir uns von diesen alten Geschichten verabschieden und nach im Hier und Jetzt angemessenen Formen des Umgangs mit Situationen suchen.

Hilfreich mag es sein, mit einem vertrauten Menschen, vielleicht auch dem Partner über die eigene Geschichte zu sprechen. Dies trägt unter anderem dazu bei, dass der Beziehungsraum wächst. Ob dieser Raum von Spannungen oder Heiterkeit geprägt ist, von Vertrauen oder Misstrauen, von Gewalt oder Liebe, wirkt sich auf die Kinder aus. Denn es liegt auf der Hand, dass Eltern, die zufrieden und glücklich sind, weniger mit sich selbst beschäftigt sind und eher eine Offenheit für die Bedürfnisse der Kinder aufbringen. Wahrzunehmen, was ein Kind braucht, erfordert, dass ich mich dem Kind zuwende, es beobachte, seine Äußerungen höre und zu deuten weiß. Das ist ein komplexer Vorgang, der bei den Eltern voraussetzt, dass sie in der Lage sind, genau hinzuspüren, dass sie sich einfühlen können und dass sie es verstehen, altersgerecht mit dem Kind zu kommunizieren.

Kinder brauchen eine ganze Menge! Mit der Entscheidung für ein Kind müssen sich Eltern klarmachen, dass sie auf lange Sicht dem Kind gegenüber Gebende sein werden. Die Verantwortung, für das Kind zu sorgen, endet erst, wenn es selbst in der Lage ist, für sich selbst zu sorgen. Es ist tatsächlich viel, was Eltern ihren Kindern geben, wenn sie ihre Aufgabe ernst nehmen. Daher müssen Eltern in dem Maße, wie sie für das Kind sorgen, auch für sich selber Sorge tragen, müssen erkennen, was sie selbst brauchen und was nötig ist, um seelisch im Gleichgewicht zu bleiben und die eigene Mitte zu bewahren. Dazu kann auch schon mal ein zeitweiliger Rückzug gehören; das kann heißen, Zeiten zu reservieren, um mit dem Partner zu sein oder mit Freunden auszugehen oder allein zu verreisen etc.

Wenn wir davon ausgehen, dass sowohl die Bedürfnisse des Kindes wie der Eltern ernst genommen werden müssen, ist notwendigerweise auch über Grenzen zu sprechen.

Grenzen ergeben sich im Leben auf unvermeidliche Weise. Begrenztes Zeitbudget, begrenzte materielle Ressourcen, begrenzter Energiehaushalt, begrenzte psychische Belastbarkeit. An der Grenze spüren wir aber auch den Anderen. Die positive Grenze befindet sich dort, wo Blicke sich treffen, wo Hände sich berühren, aber auch wo ein »Nein« gerufen wird. Dann spüren wir, dass da der Andere ist. Kontakt findet, wie Gestalttherapeuten sagen, genau an dieser Grenze statt. Im Respektieren der eigenen Begrenztheit und der Grenze des

Anderen geht es darum, herauszufinden und auszuhandeln, wo sie gesetzt wird. Kinder schauen ununterbrochen, wo sie eine Grenze finden, wie weit sie gehen können. Auf diese Art lernen Kinder sich und die Welt kennen. Wie weit kann ich laufen, wie hoch klettern, wie laut schreien, bis entweder die eigenen Kräfte oder der Mut sie verlässt oder jemand anderer sie einschränkt? Grenzen sind Teil unseres Lebens, wir sollten sinnvoll mit ihnen umgehen. Grenzen geben Kindern dann Halt und Sicherheit, wenn sie dahinter sinnvolles Handeln eines wohlwollenden Erwachsenen erkennen können. Willkürlich gesetzte Grenzen sind oft Ausdruck von Macht und wirken destruktiv.

Die Gefahr, als Mutter oder Vater auszubrennen, ist dann groß, wenn die eigene Begrenztheit nicht akzeptiert wird und die Eltern längere Zeit über ihre Grenzen gehen. Oft sind es Vorstellungen, Bilder, Ansprüche an sich selbst und den Partner, die überfordern. All diese Vorstellungen sind zu überprüfen: Wie das Leben sein sollte, was man als Mutter oder Vater alles zu leisten habe, wie eine moderne Familie leben müsse, welcher Lebensstandard »nötig« sei, was man Kindern bieten wolle. Es muss eingeschätzt werden, was notwendig und machbar ist, vielleicht müssen Ziele oder Pläne korrigiert oder aufgegeben und Entlastungen organisiert werden.

Gelassenheit zu entwickeln, hat mit Loslassen zu tun. Wer zum Beispiel sein Glücklichsein davon abhängig macht, dass die Wohnung immer perfekt geordnet ist, wird, solange die Kinder klein sind, oft unglücklich sein — oder die Kinder werden es sein, weil sie mit dem Aufräumen überfordert oder gelangweilt werden. Gehen lassen, ohne sich gehen zu lassen, ist ein »mittlerer Weg«, mit dem Leben umzugehen, der Kräfte und Nerven schont.

KEINE PANIK VOR DER PANIK:
IM KONTAKT MIT MEINEM BODEN, DER MICH TRÄGT

»Auf dass ihr nicht stürzet ins Bodenlose, | Dass euch der Abgrund des Nichts nicht verschlingt.«[13] — Der große Sprung nach vorne — den Boden verloren — Vertrauen in die Umwelt wieder gewinnen, Panik-Attacken — eine Erkrankung erfolgreicher Menschen?

Wer in der Vergangenheit eine schmerzhaft erschreckende Erfahrung gemacht hat, sei es in Form von Gewalt, Armut, Verlust geliebter Menschen, etc., möchte diese oft gerne für immer vergessen. Menschen wollen die Vergangenheit hinter sich lassen und tun viel dafür, ihr Leben so unter Kontrolle zu bringen, dass sie nicht mehr in Berührung kommen mit alten Verletzungen. Dies gelingt manchmal bis zu dem Zeitpunkt, wenn ein Ereignis die eigenen Grenzen erschüttert. Panikattacken kommen für die Betroffenen wie aus »heiterem Himmel«, sie haben das Gefühl, jeglichen Boden zu verlieren, verrückt zu werden oder gar zu sterben. Körperliche Symptome sind Herzrasen, Schweißausbrüche, ...

Meist sind es keine einmaligen Attacken, deshalb entsteht darüber hinaus eine Angst vor der nächsten Panikattacke. Zunehmend werden Situationen vermieden, in denen Panik ausgelöst werden könnte, und derart engt sich das Leben mehr und mehr ein. Der Kontakt zu einem fühlbar sicheren Grund ist verloren. — Panikattacken sind ein oft sorgsam gehütetes Geheimnis. Mit einem Fallbericht möchte ich aufzeigen, wie Stabilität zurückgewonnen werden kann.

Ein Mann rief mich an, er brauche dringend einen Termin, in der Nacht habe er eine »Panikattacke« gehabt und große

13 Eva Strittmatter, *Zwiegespräch* (1980), Berlin 2003, »Die Kette«, S. 72.

Angst, dass er »so etwas« noch einmal erleben müsse. Tatsächlich konnte ich ihm einen kurzfristigen Termin für ein Vorgespräch anbieten, was ihn aufs erst beruhigte.

Er erzählte von seinem großen Karriere-Sprung und wie sehr er daran gearbeitet hatte, das zu schaffen. Er schien noch nicht recht glauben zu können, dass er dabei war, sich einen Traum zu erfüllen. Während er in der Vergangenheit mit Armut und Gewalt in seinem Leben zu kämpfen hatte, verschaffte ihm der berufliche Erfolg gewissen Reichtum und Ansehen. Auch waren neue Kontakte entstanden. Wichtige Persönlichkeiten aus seiner Branche waren plötzlich an ihm interessiert, Menschen, die ihn zuvor nicht wahrgenommen hatten, suchten seine Freundschaft.

Der Klient ist ein zielorientierter Mensch, der sich bei Entscheidungen auf sein gutes Bauchgefühl verlassen konnte.

»Was bittert | herein?«[14] — In den vergangenen Wochen hatte der Klient intensiv an einem neuen Auftrag gearbeitet. Er war weit über seine Grenzen gegangen, hatte wenig geschlafen, für viele Aufgaben die Verantwortung übernommen. Alles dies mutete er sich zu, ohne auf die eigenen Belastungsgrenzen zu achten, in der Sorge, sein Erfolg könne wieder zerbrechen, wenn er etwas von seiner Arbeit abgeben oder verschieben würde. Sein Vertrauen in seine Umwelt war gering. Er hatte seinen Erfolg sich selbst zu verdanken, seiner Entschlossenheit, seinem Fleiß, seinem Bauchgefühl. Hatte er sich bisher auf sich selber verlassen können, so erlebte er jetzt, dass er nicht in der Lage war, die aufkommende Angst zu kontrollieren. Er konnte sie auch nicht mit irgendetwas in seinem Leben in Verbindung bringen. Sie schien grundlos über ihn hereinzubrechen, machte ihn ohnmächtig, hilflos, unsicher, schwach ...

14 Paul Celan, *Was bittert* (1970), in: ders., *Gedichte*, Berlin 2011, S. 34.

Unser erstes Gespräch konnte den Klienten soweit beruhigen, dass er etwas Zuversicht in die »Heilbarkeit« dieses Zustandes entwickelte. In den ersten Sitzungen ging es darum, ihn zu unterstützen, spürend Kontakt mit dem eigenen Körper aufzunehmen, sich wahrzunehmen, die Erschöpfung zu spüren und körperlich besser für sich zu sorgen. Im Erzählen verbanden sich Erfahrungen mit Gefühlen. Indem er mir von seinem Leben erzählte, wurde deutlich, welche großen Lasten er bisher allein getragen hatte. Indem er sich mitteilte, spürte er, wie entlastend es war, über seine Erfahrung zu sprechen. Er erlebte, dass jemand seine Belastung emotional mit aushielt, sie mit trug. Das alles führte rasch zu einer ersten Verbesserung seiner Symptome, sodass er aufkommende Ängste weitgehend aushalten konnte, notfalls wendete er sich an einen Freund. Er hatte begonnen, nicht nur in der Therapie, sondern auch Freunden gegenüber darüber zu sprechen, wie es ihm ging. Er konnte Zeiten besonderer »Anfälligkeit« erkennen und wir erarbeiteten Strategien, was er in solchen Situationen tun konnte, um sich zu beruhigen, ohne diese Situationen jedoch zu vermeiden. Er musste lernen, auf sich zu achten, damit er rechtzeitig spürte, was er brauchte. Dies war nicht die gewohnte Weise, mit sich umzugehen. Um seine Ziele zu erreichen, hatte er sich angewöhnt, über sich hinweg zu gehen, zu ignorieren, dass er Angst hatte, zu ignorieren, dass er unsicher war, zu ignorieren, dass er zum Beispiel Schmerzen hatte.

In jenem Maße, in welchem er lernte, eine Verbindung zum eigenen Körper zu fühlen und eine emotionale Verbindung zu seinen Lebenserfahrungen aufzunehmen, nahmen Panikattacken ab. Unerledigte, verdrängte Geschichten kamen zum Vorschein. Nach und nach konnten wir sie bearbeiteten. So wie er in der Vergangenheit über seine körperlichen Bedürfnisse hinweggegangen war, so war er auch mit seinen Gefühlen schlecht umgegangen.

In der Vergangenheit hatte er die Umwelt als nicht an seinem Wohlergehen interessiert erlebt. In der Tendenz war sie für ihn chaotisch und bedrohlich gewesen. Er hatte gelernt, sich in erster Linie auf sich selbst zu verlassen. Im Verhältnis zu seinen Eltern hatte er sehr ambivalente Gefühle. Die Mutter beschrieb er als warmherzige Frau, die ihn gerne hatte. Sie stammte aus einem südamerikanischen Land und hatte Schwierigkeiten, sich in Deutschland mit der hiesigen Mentalität zurechtzufinden. Es gab viele Eheprobleme. Den Vater, ein Deutscher, beschrieb er als hartherzig und geizig. Zu ihm hatte er kein gutes Verhältnis. Er fühlte sich von seinem Vater nicht akzeptiert. Nach der Trennung der Eltern sei sein Verhältnis zum Vater noch schlechter geworden, er sah ihn selten. Er hatte miterlebt, wie der Vater die Mutter sehr schlecht behandelte. Aus seiner Sicht hatte der Vater, der in einem großen Haus lebte, »Reichtum« angehäuft, während die Mutter mit den Kindern in Armut lebte. Weder unterstützte er die Mutter, noch bezahlte er einen Unterhalt für die Kinder. Der Klient verachtete seinen Vater und nahm seine Mutter in Schutz.

Erst nach längerer therapeutischer Arbeit, konnte der Klient davon erzählen, die Mutter habe seinen älteren Bruder und ihn oft brutal geschlagen. Er meinte, dies wäre ihrer südamerikanischen Herkunft und ihrer verzweifelten Situation zuzuschreiben gewesen. Die durch seine Mutter erfahrene Gewalt hatte er völlig abgespalten. Erst allmählich konnte er zulassen, Schmerz und Scham darüber zu spüren. Um die »gute Mutter« zu bewahren, musste er diese Erfahrung verdrängen, wie viele andere auch.

Der berufliche Erfolg verbesserte zum einen die finanzielle Situation, brachte ihn aber auch in die Nähe der Menschen, die er für ihre »Geldgier« und ihre »Karrieregeilheit« ablehnte. So bekam er es mit Leuten zu tun, die ihn gut »verkaufen« wollten, und tatsächlich war ihm auch wichtig, erfolgreich zu sein. Damit wurde er seinem Vater ähnlich, was ihn in innere Konflikte brachte.

Seine bisherige innere Ordnung, in der er sich eingerichtet hatte, stimmte nun nicht mehr. Sein Wertesystem war erschüttert. Er wusste nicht mehr, wer gut und böse war, wo er hingehörte, wem er trauen konnte. Seine Verdrängungsmechanismen taugten ebenfalls nichts mehr, um die neue Situation zu bewältigen.

»Rühr mich an, Gras, sprich mit mir, [...] | Rühr mein Herz, o sprich mit mir.«[15] — Grundlegend für die positive Entwicklung ist — aus Sicht des Gestalt-Ansatzes — die Beziehung zum Klienten. Es gilt, eine Gesprächsebene herzustellen, die den Klienten in seiner Einzigartigkeit respektiert und würdigt und ihn nicht reduziert auf seine Probleme oder auf eine Diagnose. Die Begegnung findet von Mensch zu Mensch statt, in einer »dialogischen« Haltung, die es dem Klienten ermöglicht, sich für neue Erfahrungen zu öffnen. Nicht eine starre Form von therapeutischem Handeln wird propagiert, sondern Begegnung und Erfahrung im Hier und Jetzt. Wenn man bedenkt, dass wir vom Anfang unseres Lebens an auf Beziehung angewiesen sind, leuchtet es ein, dass Beziehungs-Erfahrungen uns zu dem gemacht haben, was wir sind. Demzufolge sehen wir seelische Krankheiten als Beziehungsstörungen. Und deshalb wird in der Gestalttherapie so großer Wert auf die Qualität der therapeutischen Beziehung gelegt, denn sie soll eine heilsame Erfahrung für den Klienten werden.

Der italienische Gestalttherapeut Gianni Francesetti hat sich intensiv und, wie ich meine, praxisnah mit Panikattacken befasst. Seine Arbeit ist in Deutsch leider nicht verfügbar. Im Folgenden beziehe ich mich auf eine Passage, die in der Arbeit für mich hilfreich war. Panische Angst beschreibt er als Grenz-Phänomen, das dem Schutz des Individuums vor extremer Gefahr aus der Umwelt dient. Sie kommt auf, wenn das Individuum einer plötzlichen, unmittelbaren, ernsten Bedrohung gegenübersteht und weder fliehen noch die Ge-

15 Eva Strittmatter, *Zwiegespräch* (1980), Berlin 2003, S. 7.

fahr abwenden kann. Diese extreme Angst ist eine Antwort auf extremen Stress: Todesgefahr; Folter, Katastrophen oder der Empfang einer schrecklichen Nachricht. Laut Francesetti führen solche Erfahrungen später nicht generell zu Panik-Attacken, sondern eher »Post-Traumatischen Belastungsstörungen«, bei denen das erlittene Trauma plötzlich und heftig wieder erlebt wird.

Demgegenüber ist eine Panikattacke eine Erfahrung von Panik in einer Situation, in der keine extreme, unmittelbare, konkrete Bedrohung aus der Umwelt vorhanden ist und keine traumatische Erfahrung erinnert wird und in der trotzdem diese akute schützende Funktion an der Kontakt-Grenze in Kraft tritt.

Francesetti beschreibt, was genau an der Kontakt-Grenze geschieht, wenn die Panikattacke eintritt. Eine Panikattacke ist eine Episode akuter Angst, für die das Individuum keine Unterstützung zur Verfügung hat. Es fühlt sich allein im Angesicht einer Gefahr, die als extrem eingeschätzt wird und mit der das Individuum nicht umgehen kann. Die innere Spannung und Erregung wird als nicht aushaltbar intensiv erlebt und das Individuum fühlt sich ohne Unterstützung, als ob es am Rande des Todes stehen würde.

Nicht umweltbedingte Bedrohungen lösen Panikattacken aus, wie Francesetti betont, vielmehr entstehen sie in einem plötzlichen Riss, der zwischen Erregung und Unterstützung entsteht. Das Individuum spürt die innere Anspannung oder wie wir sagen, Erregung ansteigen und ist unfähig, damit umzugehen. Weder aus der Umwelt kommt Unterstützung oder Entlastung noch hat das Individuum selbst Ressourcen zur Verfügung, um mit dem Spannungszustand fertig zu werden. Angst kann an jeder Stelle des Kontakt-Prozesses entstehen, wenn das »Organismus/Umwelt-Feld« zu wenig Unterstützung anbietet, um mit der Erregung umgehen zu können.

Welche speziellen Bedingungen müssen gegeben sein, die zur Panikattacke und nicht einfach zu Angst führen? Was unterscheidet Panikattacke von normaler Angst? In seiner Erläuterung bezieht Francesetti sich auf das Konzept der Kontakt-Grenze und der Bildung von Figur-Grund und grenzt so Panikattacke von neurotischer Angst und psychotischem Leiden ab. Francesetti zitiert aus dem Grundlagenwerk der Gestalttherapie den für seine (und meine) Arbeit entscheidenden Satz. »Die Kontakt-Grenze, an der die Erfahrung entsteht, trennt nicht den Organismus und seine Umwelt; vielmehr begrenzt sie den Organismus, fasst ihn ein und beschützt ihn, während sie zur gleichen Zeit die Umwelt berührt.«[16] Diese zwei Funktionen der Kontakt-Grenze — nämlich den Organismus zu umfassen und Berührung mit der Umwelt herzustellen — sind der Boden, auf welchem Erfahrungen entstehen.

Die Begrenzung/Umfassung macht Kontakt erst möglich, die Grenze ist der Punkt des Kontaktes zur Umwelt. Unterbrechungen des Kontaktes behindern das Funktionieren der Grenze. Da Kontakt stets mit dem Ansteigen von Erregung (Spannung, Energie) einhergeht, bedarf es ausreichender Unterstützung, damit nicht Angst aufkommt. Angst kann, so Francesetti, an jeder Stelle im Kontaktprozess entstehen, wenn die Unterstützung nicht ausreichend vorhanden ist. Der Kontakt-Prozess wird dann unterbrochen, um zu vermeiden, dass Angst aufkommt. Die Kontakt-Unterbrechung verhindert das Aufkommen von Angst in einer Situation, in der nicht genügend Unterstützung vorhanden ist, um den Kontakt-Prozess ganz zu durchlaufen. Panik dagegen taucht zu einem Zeitpunkt im Kontaktprozess auf, wenn es dem Individuum nicht möglich ist, den Kontakt auf gewohnte Weise zu unterbrechen — etwa wenn es unmöglich ist zu re-

16 Perls, Hefferline, Goodman, *Gestalt Therapy* (1951), zit. n. der Ausgabe Gouldsboro, ME 1994 (The Gestalt Journal Press), S. 5.

troflektieren — und es gewahr wird, dass es ihm an Unterstützung mangelt. Therapie ist ein besonderes Beispiel für eine Situation, in welcher ein Klient angemessene Unterstützung bekommen kann. Sie befähigt ihn, mit den Ängsten umzugehen, die entstehen, wenn er nicht in gewohnter Art Kontakt zu unterbrechen vermag. In so einem Moment kann die Therapie dem Klienten ermöglichen, Kontakt in einer lebendigen, erfrischenden Weise zu erleben. So wird der Weg für eine kreative Anpassung frei. Wo Vermeidung und Angst vor Kontakt war, ist jetzt eine neue Verbindung entstanden. Vermeidung von Angst durch Unterbrechung des Kontakts verringert die Frische einer Erfahrung, macht sie profan und festgefahren, energielos. Dies sei der sogenannte »neurotische« Modus einer Erfahrung, er ist verbunden mit Störungen der ersten Grenz-Funktion — der Funktion, Umwelt und Individuum in Kontakt zu bringen.[17]

17 Gianni Francesetti, *The Phenomenology and Clinical Treatment of Panic Attacks*, in: ders. (Hg.), *Panic Attacks and Postmodernity: Gestalt Therapy Between Clinical and Social Perspectives*, Mailand 2007, S. 70ff.

IST DAS NOCH REAL?
IM KONTAKT MIT SINN UND WAHN

»Wer weiß daß er weil er gesund ist | ein besserer Mensch ist | als die kranken Menschen um ihn herum | der ist krank.«[18] — Vor einiger Zeit übernahm ich einen Klienten, den mir der Sozialpsychiatrische Dienst als einen jungen Mann mit »Angststörungen« vorstellte. Tatsächlich erschien mir der Klient im Vorgespräch voller Angst. Sein Sprechen war sehr langsam und mühsam, jedes Wort schien er abzuwägen. Er war unsicher, ob er mein Hilfeangebot annehmen sollte, was er im Anbetracht seiner ausweglosen Situation dann für eine befristete Zeit (halbes Jahr) zusagte. Auf Grund seiner Ängste hatte er nahezu jeglichen Kontakt zu seiner Umwelt eingestellt. Dadurch hatte er versäumt, Anträge beim Sozialamt zu stellen, um finanziell abgesichert zu sein, hatte keine Arzttermine mehr wahrgenommen, etc. Lediglich zu seiner Mutter unterhielt er noch Kontakt. Er hatte auch Angst, einkaufen zu gehen, musste sich innerlich stundenlang drauf vorbereiten, sich »gut genug« zu fühlen, um den Kontakt mit der Außenwelt auszuhalten.
Er wünschte sich, einige Probleme los zu werden, hatte aber große Angst, manipuliert zu werden und sich nicht wehren zu können. Wir vereinbarten wöchentlich zwei Termine in meiner Praxis mit der Option, ihn bei Bedarf zu schwierigen Terminen zu begleiten.
In den ersten Wochen ging es in unseren Gesprächen vor allem um die Frage, ob er mir trauen könne oder ob er Angst haben müsse, manipuliert zu werden. So stand im Vorder-

18 Erich Fried, *Krank*, in: ders., *Gedichte* (hg. Klaus Wagenbach), München 2007 (13. Auflage), S. 109.

grund unserer Arbeit in dieser Phase die Frage, was er von mir brauche und annehmen könne. Meine Überlegungen formulierte ich immer als Vorschläge, die er aber nicht annehmen musste. Ich interessierte mich für seine Probleme und die Schwierigkeiten auf dem Weg, sie zu lösen.

Nach und nach begann er, mir zu vertrauen, da ich ihm viel Raum für seine Überlegungen gab und er gleichzeitig ehrliche Rückmeldungen von mir bekam. Trotzdem fiel es ihm schwer, wirklich zu glauben, dass ich nicht eigene Interessen verfolge, sondern es ausschließlich um seine Unterstützung ginge. Ich stellte ihm frei zu kommen, bat ihn aber, mir Bescheid zu sagen. Er sollte kommen, wenn er etwas von mir brauche und nicht aus dem Gefühl, er müsse für mich etwas erfüllen. Ich konnte ihm ehrlich versichern, gerne würde ich mit ihm arbeiten, dass es jedoch allein seine Entscheidung sei, das Angebot anzunehmen. So blieb er ein paar Termine weg, um dann lächelnd wiederzukommen und zu verkünden, die Gespräche hätte er vermisst, er hätte ja niemanden, der ihm sonst zuhören würde und von dem er sich für voll genommen fühle. Er erlebte in den Gesprächen, dass sich jemand auf ihn bezog und ihn ernst nahm. Aufgrund meiner authentischen Rückmeldungen konnte er mich als Gegenüber wahrnehmen, das ihm einen schützenden Raum gab und ihn unterstützte, sich innerlich zu sortieren. Er nahm mich als eine eigenständige Person wahr, die eine eigene Meinung, Einschätzung, Haltung vertrat und die ihm seine oft andere Einschätzung lassen konnte. Auch wenn er diese Differenz oft als gegen ihn gerichtet erlebte, war es wichtig, diese Situationen gemeinsam auszuhalten. Derart konnte er darüber sprechen, dass er mich dann aggressiv und gegen ihn eingenommen erlebte, und ich konnte ihm versichern, dass ich nicht gegen ihn handeln würde, aber eben ehrlich sein wolle. Letztendlich konnte er das auch spüren und auf die Weise jene Spannung der Verschiedenheit ertragen. Das verbindende Interesse war unser beider Bemühen um seine Sicherheit und seinen Schutz.

Seine unsichere Grenze, die er immer bedroht sah, wurde zur Figur. Bedrohung erlebte er nicht nur, wenn er auf die Straße ging, sondern auch in der Wohnung. So empfand er die Geräusche der Nachbarn als Angriffe auf ihn. Er fühlte sich nicht nur gestört, sondern verfolgt. Seine Erwartung an mich war es, ihn vor den Nachbarn zu schützen, da er sich nicht traute, mit ihnen in Kontakt zu treten.

Um seine Selbst-Grenze zu stärken, mutete ich ihm zu, ihn mit meiner Einschätzung des Problems zu konfrontieren, und ich unterstützte ihn darin, auszuhalten, dass ich seine Auffassung des Problems nicht teilte. Einerseits musste ich akzeptieren, dass sein wahnhaftes Erklärungsmodell für die wahrgenommenen Phänomene im Augenblick die einzige Möglichkeit für ihn darstellte, damit umzugehen, zugleich mutete ich ihm meine Einschätzung zu. Nicht die Nachbarn würden absichtlich Lärm machen, um ihn zu quälen, sondern sein Selbst-Schutzmechanismus sei nicht wirksam. Da ich seine Vorstellungen in vielen Punkten nicht teilte, ihn aber gleichzeitig mit seinen Vorstellungen akzeptierte, gab es für diese Differenz einen Raum in unserer Beziehung. Somit konnte die Grenze zwischen einem Ich und einem Du als etwas Verbindendes erfahren werden, das Sicherheit gab, weil sie das Du nicht auslöschen wollte. Auch wenn er sich oft ärgerte, weil ich seine Einschätzung nicht teilte, konnte er mein Interesse an seinem Wohlergehen als eine »gute Absicht« anerkennen.

Nach vielen Monaten stellte der Klient fest, dass er die Geräusche aus den der Praxis angrenzenden Wohnungen lediglich als »belanglose Geräusche« einschätzen könne, ohne sich bedroht zu fühlen. Für eine kurze Zeit konnte er seine Umwelt nun angstfrei und mit sicheren Selbst-Grenzen wahrnehmen. — Diese Stabilität hielt zu Hause zwar meist noch nicht lange an, jedoch spürte er, dass ihn »etwas« in unserem Kontakt stabilisierte.

Nach zwei Jahren, in denen er viele Versuche unternommen hatte, seine vermeintlichen Feinde im Außen zu bekämpfen, fing er an, meine Überlegungen in Erwägung zu ziehen.

Was, wenn ich recht hatte, und tatsächlich nicht die Nachbarn das Problem waren, sondern er selbst, sein psychischer Zustand für die Ängste verantwortlich war? Dann war er verrückt? Er wollte aber nicht verrückt sein, sondern ein ganz normales Leben führen, wie andere Menschen auch. Etwas musste tatsächlich wieder zurechtgerückt werden. Getragen durch unsere stabile Beziehung, in der er sich immer ernst genommen fühlte, konnte er seinem Wahn begegnen als etwas, das ihm zwar eine Lösung für sein Problem anbot, ihm aber nicht half, sondern die Schwierigkeiten mit der Welt erhöht hatte. Er konnte spüren, dass er von mir als normaler Mensch angesprochen wurde, der in echter Not war. So stieg seine Bereitschaft, eine medikamentöse Behandlung auszuprobieren. Ich sicherte ihm zu, ihn während dieses für ihn sehr mutigen Experiments nicht allein zu lassen und setzte die wöchentlichen Gespräche auch im Krankenhaus fort. Ich war für ihn zum Fenster zur Realität geworden, dem er vertrauen konnte und das er brauchte, um den Kontakt zur Welt wieder zu finden.

»aber wer hört | sein eigenes Ohr?«[19] — Wir brauchen die Sicherheit, dass das, was wir wahrnehmen und spüren, wahr ist, dass wir uns auf uns selbst verlassen können, dass wir unseren Sinnen trauen können; dass das, was ich höre, tatsächlich ein Geräusch ist, das aus meiner Umwelt an mein Ohr dringt, dass das, was ich sehe, etwas ist, das es in meiner Umwelt tatsächlich gibt.

All das hat mit Grenzen zu tun. Ich möchte hier noch mal

19 Paul Celan, *Am Reizort* (1968), in: ders., *Gedichte*, Berlin 2011, S. 49.

mit Francesetti darauf hinweisen, dass es eine Funktion der Grenze ist, den Organismus zu umfassen und zu beschützen. Wenn diese Fähigkeit gestört ist, entsteht Angst. Dann fühlt sich das Individuum auf eine Weise der Umwelt ausgesetzt, dass es das Gefühl bekommt, seine Integrität und sein Selbst-Erhalt können ernsthaft zerstört werden. Je weniger Unterstützung das Individuum zu seiner Stabilisierung der Selbst-Grenze erhält, umso gefährdet fühlt es sich. Jeder Umwelt-Reiz kann im Extremfall zur Bedrohung werden. In solch einem Fall nimmt das Individuum diesen Reiz als außergewöhnliche Gefahr wahr, die für sich als gegenwärtig und real eingeschätzt wird. Die Regulierung der Selbst-Grenze funktioniert hier also nicht im Sinne des Schutzes des Selbst. Angst entsteht, wenn die Grenze unfähig ist, den Organismus vor einer Umweltbedrohung zu schützen, die er wahrnimmt. Bei psychotischer Angst verliert der Organismus seine schützende »Haut«. Alle Reize können zur Figur werden und als etwas Wichtiges in den Vordergrund treten. Aber es findet keine Auswahl des Wahrgenommenen statt. Das Individuum ist überempfindlich gegenüber allen Reizen aus der Umwelt. Die Umwelt hält in diesem Fall keine ausreichende Unterstützung bereit, um dem Individuum eine Grenzbildung zu ermöglichen, die es schützt. Daraus entsteht die Erfahrung psychotischer Angst, die im Extremfall zur Wahnstimmung und in der Folge zu einer Wahnentwicklung führen kann. Die Struktur der Welt fängt an zu schwanken, jede Verbindung und Beziehung wird unwirklich. Die vertraute Welt scheint an einen Punkt des Zerbrechens gelangt zu sein. Der Organismus bleibt atemlos, betäubt, mit einem Gefühl von Schwindel, Angst und etwas Verhängnisvollem, so als würde der Weltuntergang bevorstehen. Jeder Sinn für Zusammenhänge ist aus dem Gleichgewicht geraten. Jeder Sinn für Zusammenhalt, Kontinuität und Bedeutung in der Welt und in der individuellen Existenz ist erschreckend aufgelöst. In solch einem Fall kommt der Wahn dem Individuum zu Hilfe, indem er Struktur und Bedeutung bietet und so einen Sinn für sich selbst und »die Welt« und eine Verbindung zwischen beiden herstellt.

In der gestalttherapeutischen Arbeit wird die Verbindung zur Welt wieder hergestellt, indem im Rahmen einer dialogischen Beziehung Erfahrung, Bedeutung und Struktur geteilt werden. Indem einige wenige Punkte als gemeinsame Ausgangspunkte angenommen werden, rekonstruiert die therapeutische Beziehung die Welt mit dem Klienten neu. Während der Wahn eine schnelle Erklärung für Wahrgenommenes ermöglicht, und so Angst reduziert, ist die dialogische therapeutische Arbeit langwieriger und komplexer.

»... ich suche die grenzübergänge | grüne grenze | unbe-
wachter moment«[21] Der Weg in ein sicheres, gewaltfreieres
Leben ist für viele Menschen lebensgefährlich und mit unge-
heuren Strapazen verbunden. Im Folgenden möchte ich eine
therapeutische Arbeit mit einem Mann vorstellen, der aus
politischen und religiösen Gründen in seiner Heimat Pakistan bedroht und verfolgt wurde und nun seit circa zehn Jahren in Deutschland versucht Asyl zu bekommen.

Menschen auf der Flucht landen gewöhnlich erst einmal in
Einrichtungen der Flüchtlingshilfe oder suchen Kontakt zu
Menschenrechts- und anderen Hilfsorganisationen. So be-
gegnete mir Hussein das erste Mal vor sechs Jahren bei einer
Veranstaltung für Menschenrechte in Berlin, wo er mit mir
das Gespräch suchte und in sehr gebrochenem Deutsch seine Situation zu beschreiben versuchte. Er deutete an, dass er
therapeutische Hilfe benötigen würde, wegen irgendwel-
cher Symptome, die ich nicht richtig verstand. Ich gab ihm
meine Visitenkarte und meinte, er könnte sich melden.
Dann, viele Monate später, ein Anruf auf dem Anrufbeant-
worter ohne Rückrufnummer. Das Jahr darauf noch einmal
eine Begegnung bei jener Menschenrechtsorganisation und
eine weitere Einladung an ihn, sich zu melden. Nach Monaten klingelte es und Hussein stand in der Praxistür, fragte, ob
ich kurz Zeit hätte für ihn. Da ich in der Pause war, bat ich
ihn hereinzukommen. In diesem ersten Gespräch erfuhr ich,
dass sein Asylantrag abgelehnt worden sei und er bzw. sein

---

20 Nach einer Formulierung von Paul Goodman, *Making Do*, New York
1963, S. 9.
21 dieter fringeli, *grenzlust*, Düsseldorf 1991, S. 7.

Rechtsanwalt einen Antrag bei der Härtefallkommission gestellt habe. Dafür würde er Unterstützung vertrauenswürdiger Menschen brauchen, die seinen Verbleib in Deutschland befürworten sollten.

Das alles war für ihn sicher sehr tragisch. Was konnte ich als Therapeutin für ihn in dieser Situation wirklich tun, zumal ich ihn nur flüchtig kannte. Seine Bitte hatte etwas sehr Aufrechtes. Trotz der Not, in der er sich befand, spürte ich kein Bedrängen, sondern respektvolles Bitten. Um etwas Sinnvolles für ihn schreiben zu können, würde ich einige Gespräche führen müssen. Er hatte keine finanziellen Mittel, um die Sitzungen bezahlen zu können, auch gab es keine institutionellen Finanzierungsmöglichkeiten. Konnte ich ihm unentgeltlich Sitzungen anbieten? Etwas in seiner Art Kontakt zu suchen, sich mit leeren Händen als Mensch, der Hilfe braucht, in eine Begegnung zu wagen, nicht wissend, ob er abgewiesen werden würde, beeindruckte und berührte mich. Ich bot ihm also erstmal wöchentliche Sitzungen bis zur Härtefallkommission an. In dieser Zeit würde ich genügend Informationen für ein Befürwortungsschreiben erhalten und ihn besser kennen lernen. Die Sitzungen legte ich so, dass ich damit Freistunden füllte. Hussein bedankte sich für die Gespräche mit frischen Mangos oder indischen Süßspeisen.

»Es ist eine Spielart des Todes | daß die Exile größer | die Worte aber kleiner werden«[22] Mangelnde Sprachkenntnisse und Schwierigkeiten, den Faden der Erzählung nicht zu verlieren, machten die Gespräche zu einer Suche — nach Worten, nach Ereignissen, nach Zusammenhängen, nach Bedeutung. Oft schien er sich zu verlieren, dann hielt er erschöpft inne, versuchte, sich zu sammeln und an anderer

22 Amal Al-Jubouri, *Während alles bleibt* (1994; übersetzt von Claudia Ott), in: dies., *So viel Euphrat zwischen uns*, Berlin 2003, S. 16.

Stelle mit der Erzählung fortzufahren. Allmählich entstand ein Bild von seinem Leben in Nord-Pakistan, seiner Familie dort, dem Studium weit im Süden, dem erste Job als Ingenieur für Elektrotechnik bei Siemens im Eisenbahnbau.

Dann beginnen die Schwierigkeiten. Er macht sich bei der Polizei unbeliebt, weil er sich für die Aufklärung eines schweren Baumaterial Diebstahls einsetzt. Anstatt den Fall aufzuklären, beginnt die Polizei ihn zu schikanieren und stundenlang unter psychisch belastenden Bedingungen zu verhören, bis er aus Angst vor weiterem Drangsalieren die Gegend und den Job verlässt und zu seiner Familie zurückgeht. Dort baut er ein Internet-Cafe, mit Verkauf von PCs und Funkgeräten auf. Er ist interessiert an der Entwicklung seines Landes, an einem gewissen Fortschritt, den er über die Verbreitung moderner Medien fördern möchte. Ab 2001 nach dem Angriff auf das World Trade Center in New York beginnen sich auch in seiner Heimat Parachinar Gewalt und Terror auszubreiten. Sogenannte »Gotteskrieger« dringen über Afghanistan in die bergige, verkehrsmäßig wenig erschlossene Gegend ein, um dort Trainingslager zu errichten. Dieser unheilvollen Entwicklung versucht er mit Freunden entgegenzuwirken, in dem sie die Bevölkerung darüber informieren und sie auffordern, diese Fremden nicht in ihren Häusern zu beherbergen oder zu versorgen. Gleichzeitig melden sie diese »Kämpfer« bei der Polizei. Auf diese Weise gerät er ins Visier von al-Qaida. Es wird auf ihn geschossen, sein Bruder wird brutal zusammengeschlagen. Er ist mitten im Kampf gegen den Terror, der Terror ist um ihn herum. Die Gegend ist im internationalen Fokus der Verfolgung der al-Qaida und Bin Laden. Sein Vater bittet ihn aus der Gegend wegzugehen, um seine Familie nicht weiter zu gefährden und rät ihm, sich nicht politisch zu engagieren. Er geht nach Lahore, wo er jemanden kennt und wo er für eine international geförderte Zeitung zu arbeiten beginnt, die versucht, der zunehmenden Radikalisierung fundamentalistischer Moslems mit einem Demokratisierungs- und Kulturprogramm etwas entgegen zu setzen. So organisiert er Konzerte und andere kulturelle Veranstaltungen, bis die Bedrohung durch fundamentalistische Religionsführer so zunimmt, dass er sich nur mehr in Verstecken aufhält und jede Nacht woanders schläft. Gemeinsam mit einem Freund beschließt er 2005 nach Deutschland zu gehen, in ein Land, von dem er weiß, dass es Menschenrechte einhält, dass es dort Religions- und Meinungsfreiheit gibt, ein Land mit Vorbildwirkung.

Er landet in Berlin. Ein afghanischer Taxifahrer fährt ihn nach Eisenhüttenstatt, weil er meint, dort sei eine Anlaufstelle, für Menschen die Asyl beantragen wollten. So verbrachte er die erste Zeit in einem Asylheim in Eisenhüttenstatt, ehe er nach Brandenburg verlegt wurde. Er nimmt jede Gelegenheit wahr, etwas zu lernen — besucht Deutschkurse und einen Pflegeassistenzkurs, der über das Zentrum für Flüchtlingshilfen und Migrationsdienste bzw. das Zentrum für Folteropfer in Berlin angeboten werden. Die Situation in den Asylheimen ist deprimierend, jeder Weg nach Berlin muss beim Ausländeramt beantragt werden. Die Aussicht auf ein selbstbestimmtes Leben in Deutschland liegt in einer nicht greifbaren Zukunft. Hatte er es in Pakistan mit unmittelbarer physischer und psychischer Gewalt zu tun, so ist er hier in Deutschland einem System struktureller Gewalt ausgesetzt, das ihn hilflos macht und ihn zermürbt.

»Für mich gibt es nur Verluste | Ich stehle die Sonne, nur um die Nacht zu Fall zu bringen«[23] In den Gesprächen wird deutlich, wie sehr Hussein sein Handeln an hohen ethischen Werten orientiert: Ehrlichkeit, Respekt, Wertschät-

23 Amal Al-Jubouri, *Verluste* (übersetzt von Klaus Thalhammer und Karl Neuwirth), in: dies., *So viel Euphrat zwischen uns*, Berlin 2003, S. 11.

zung etc. Er will sich nichts zu Schulden kommen lassen. Seine Ablehnung von Gewalt und seine Furcht vor aggressivem Verhalten machen ihn zu einem eher scheuen, zurückhaltenden Menschen. Auf seiner Suche nach ruhigen, friedvollen Orten entdeckte er ein buddhistisches Zentrum in Berlin, wo er manchmal hingehe, um Ruhe zu finden. Er ist interessiert an philosophischen Fragen und versucht in den seltenen guten Momenten seine Gedanken in Gedichtform zu Papier zu bringen. Der Austausch darüber belebt ihn. Die Sorgen treten dann etwas in den Hintergrund.

Seine Erfahrungen in Pakistan und in Deutschland haben sein Vertrauen in Menschen tief erschüttert. Hoffnungslosigkeit lässt ihn oftmals in sich zusammensinken. Manchmal wirkt er abwesend und hat Mühe, sich in der Realität zurechtzufinden. Es mischen sich Vergangenheit mit der unsicheren Gegenwart und mit dem Wissen um die Zunahme von Gewalt in seiner Heimat. Manchmal verliert er im Sprechen den Gedanken, den er formulieren wollte und wirkt irritiert und verunsichert. Es fällt ihm schwer, sich zu konzentrieren. Von seiner Zukunft kann er kaum sprechen, das bereitet ihm große Angst. Über seine Frau und die drei jugendlichen Kinder zu reden, erfüllt ihn mit großer Sorge. Er sieht einerseits, dass besonders seine Tochter in Pakistan keine Chance auf angemessene Bildung hat, und andererseits die Söhne der Gefahr fundamentalistischer Beeinflussung ausgesetzt sind. Er weiß, dass er dort nichts zu ihrem Schutz beitragen könnte. Seinen gesamten Besitz hat er seinem Bruder übertragen, der in seiner Abwesenheit die Versorgung von Frau und Kindern übernommen hat. Hinter ihm liegt eine zerstörte Heimat, vor ihm eine ungewisse Zukunft.

Anstatt Sicherheit erlebt er jahrelange Angst vor Abschiebung. Die Wohnheime sind für ihn angstmachende Orte. Er erlebt dort Drogenhandel und oft auch Gewalt, weiß nicht,

wem er trauen kann. Er sucht Kontakt zu Menschen außerhalb, die ihm vertrauenswürdig erscheinen. In dieser anhaltend verunsichernden Situation entwickelt er eine Reihe von Symptomen, die er nicht zuordnen kann. Erst im Laufe unserer Gespräche gewinnt er ein Verständnis für die Zusammenhänge zwischen seinen traumatisierenden Erfahrungen und den psychischen und körperlichen Auffälligkeiten. So beschreibt er, dass die linke Körperhälfte manchmal so sehr schmerze, dass er kaum gehen könne. Eine medizinische Abklärung blieb ohne Ergebnis. Auch das Brennen oder Jucken der Haut habe keine körperlichen Ursachen, obwohl sie manchmal so heftig seien, dass er nachts schweißgebadet aufwache und das Gefühl habe zu verbrennen. Manchmal fühle er sich in seinem Körper aber auch ganz fremd, so als würde er nicht zu ihm gehören. Er leidet unter massiven Schlafstörungen und Albträumen, hat oft Kopfschmerzen, könne sich nur schlecht konzentrieren und werde immer wieder durch beunruhigende Gedanken gestört. Wenn er über längere Zeit Herzschmerzen habe, erinnere ihn das an den Tod seiner Eltern, die kurz nach seinem Weggehen an Herzversagen gestorben seien. Manchmal habe er Angst am Morgen aufzustehen, sei nicht erholt und müsse sich zur Körperpflege zwingen, die ihm normalerweise sehr wichtig sei. Er beschreibt, dass er oft das Gefühl habe, verfolgt zu werden und dass er fürchte, jemand könne ihn von hinten schlagen. Dann sehe er sich um, aber da sei niemand der ihn verfolgen würde. Er hat großen Stress, wenn er bei Behörden vorsprechen muss, da er befürchtet, dass man alle Informationen gegen ihn verwenden und ihm unterstellen würde, ein schlechter Mensch zu sein. Es fallen ihm dann oft nicht die richtigen Worte ein und er bekommt panische Angst.
Er ist seit einigen Jahren bei einem indischen Arzt in Behandlung, mit dem er sich in Urdu, seiner Landessprache, verständigen kann und der ihm Schmerzmittel und Anti-

depressiva verschreibt. Das erleichtert das Einschlafen und beruhigt etwas. Mein Schreiben für die Härtefallkommission war ein kleiner Beitrag zu seiner Unterstützung, der allerdings, wie all die anderen Bemühungen, nicht dazu führte, dass er ein dauerhaftes Bleiberecht bekommen hätte. So ging sein Kampf weiter mit einem erneuten Asylantrag, aber auch mit verschlechterten Symptomen. Für diesen erneuten Prozess in einer weiterhin unsicheren aufenthaltsrechtlichen Lebenssituation bot ich ihm die Fortsetzung meiner therapeutischen Begleitung an. Dies schloss auch die Kooperation mit einem neuen Rechtsanwalt und das Verfassen einer Stellungnahme für das Gericht ein.

Die regelmäßigen Termine in der Praxis ermöglichten es Hussein, die Erlaubnis vom Ausländeramt zu bekommen, nach Berlin fahren zu dürfen und damit für einige Stunden dem bedrückenden Asylheim zu entkommen. (Inzwischen ist diese sogenannte Residenzpflicht für Asylsuchende aufgehoben). Auf diese Weise hatte er auch einige andere sichere Orte gewonnen, wo er Unterstützung bekam. Dazu gehörte zum Beispiel das Zentrum für Flüchtlingshilfe und Migrationsdienste in Berlin, wo er Sprachkurse und einen Kurs für Pflegeassistenz gemacht hatte.

Wie konnte in dieser Situation eine psychische Stabilisierung gelingen oder zumindest eine Verbesserung seiner Symptomatik erreicht werden?

»**geteilte sprache | halbes wort | land an den grenzen | an der grenze das land**«[24] Im Anbetracht der anfänglich eingeschränkten sprachlichen Verständigungsmöglichkeiten kam nichtsprachlichen Ebenen der Begegnung größere Bedeutung zu. So war die Haltung, in der ich ihm begegnete und ihm mein Vertrauen und seiner Erzählung Glauben schenkte wesentlich, für sein Gefühl, als Mensch verstanden und

24 dieter fringeli, *grenzlust*, Düsseldorf 1991, S. 31.

ernst genommen zu werden. Er spürte in unserer Begegnung, dass er in Ordnung war, so wie er war. Er musste sich hier nicht weiter anstrengen ein noch besserer Mensch zu sein. Gleichzeitig würdigte ich, was er bisher geschafft hatte. Die wertschätzende Beziehung wurde zu einem tragenden Grund in einer Situation, in der er gerade wieder den Boden verloren hatte. In unseren therapeutischen Gesprächen konnte er sich ordnen und seine Gedanken und Gefühle sortieren. Mit ihm diese schwere Zeit zu teilen, die Ohnmacht mitauszuhalten, half ihm, die Hoffnung nicht zu verlieren. Überlegungen, zu konkreten Handlungsschritten, wie beispielsweise die weitere juristische Vorgehensweise oder die Suche nach Arbeit, trotz befristeter Duldung, erleichterten es ihm, sich zu strukturieren, in der Realität zu verankern und Sinn zu empfinden. Insgesamt verbesserten sich seine Symptome in dem Maße, wie es ihm gelang, etwas Sinnvolles für sich oder andere tun zu können. Freundschaftliche Kontakte, die er im Laufe der Zeit zu einigen Menschen aufgebaut hatte, stützten ihn ebenso, wie sein Engagement für andere Asylsuchende, denen er mit seinen allmählich gewonnenen Kenntnissen half, sich mit den bürokratischen Abläufen zurechtzufinden. Inzwischen hat er Arbeit gefunden in einem Dienstleitungsunternehmen, das für ein Krankenhaus in Berlin die Pflege der Betten übernimmt. Da der zweite Asylantrag vor wenigen Monaten abgelehnt worden war, wird erneut die Härtefallkommission über seinen Verbleib in Deutschland entscheiden — Ausgang ungewiss.

»Gab es nicht noch ein anderes Gedicht | In meinem Ge-
dächtnis. Wo ist es geblieben?«[25] — Seit den Anfängen der
Gestalttherapie haben künstlerisches Arbeiten und schöpferische Prozesse einen zentralen Platz eingenommen, sowohl
in der Entwicklung der theoretischen Konzeption als auch
in den praxisbezogenen Überlegungen. Mit der »kreativen
Anpassung«[26] haben wir ein Instrument zur Hand, das
unser Verhältnis zum »Feld« beschreibt und damit auch
deutlich macht, dass die Kreativität in einem Dazwischen-
Raum entsteht. Der Einfluss von Kunst, sei es als Erzählung
oder gemaltes Bild, als Tanz oder szenische Darstellung, als
Musik oder Gesang, ist aus der Gestalttherapie nicht wegzu-

25 Eva Strittmatter, *Zwiegespräch* (1980), Berlin 2003, »Einsicht«, S. 86.
26 Die »Anpassung« steht in der Polarität zwischen »der Organismus
passt sich den Umweltbedingungen durch die Veränderung seiner selbst
an« und »der Organismus passt die Umwelt seinen Bedürfnissen durch die
Veränderung der Umwelt an«. Beide Extreme sind problematisch: Wenn
sich der Organismus ausschließlich einer Umwelt anpasst, gibt er seine
Eigenheit auf und verschwindet in letzter Konsequenz (»Konfluenz«; dies
ist die umgangssprachlich vorherrschende Bedeutung). Ist der Organismus
dagegen unfähig, sich der Umwelt anzupassen und besteht unnachgiebig
auf der einseitigen Anpassung der Umwelt an ihn, kann er letztlich nichts
aus der Umwelt aufnehmen und setzt sich selbst an deren Stelle (»Egotis-
mus«). Beide extremen Formen der Anpassung werden als »neurotisch«
gekennzeichnet. Gestalttherapeutisch angestrebt wird der *mittlere Modus*
zwischen diesen Extremen: Es findet ein produktiver, beidseitig vorteil-
hafter Kontakt statt. Ein solcher Kontakt verlangt eine schöpferische und
kreative Aktivität des Selbst. Dieser wird »schöpferische« oder »kreative
Anpassung« genannt bzw. »Assimilation« oder »Integration«. Der Ausdruck »kreative Anpassung« sollte jedoch nicht dazu verleiten zu meinen,
Kreativität und Anpassung seien das Gleiche, bildeten eine harmonische,
unproblematische Einheit: »Kreativität und Anpassung sind Gegenpole,
sie sind wechselseitig notwendig« (so Perls, Hefferline und Goodman in
Gestalttherapie [1951], München 1991, Band »Grundlagen«, S. 13). Der
Ausdruck »kreative Anpassung« soll also eine Art notwendiges Paradox

denken. Von Laura Perls, Paul Goodman, Josef Zinker[27] und vielen anderen Gestalttherapeuten wissen wir, wie sehr ihr eigenes künstlerisches Arbeiten sie als Therapeuten geprägt hat. Sie sehen den Therapeuten als Künstler und »Gestalt« als eine kreative Therapie.

Um ein solches kreatives Schaffen und Experimentieren von Gestalttherapeuten geht es in unserem *Gestalt-Salon*[28] unter anderem, um den Raum für Präsentation von Arbeiten und Arbeitsprozessen, um Unfertiges, um das in einem Gärungs-prozess Befindliche.

Eine angemessene Form des Ausdrucks gefunden zu haben, verweist auf den ästhetischen Aspekt unseres Handelns. Wenn Kreativität in zwischenmenschlichen Beziehungen belebt wird, kreieren wir gemeinsam Formen des sozialen Umgangs, die wir als berührend, befreiend, lebendig, schön, etc. empfinden. Auch der Humor gehört hier her. Er bringt Leichtigkeit und Heiterkeit in die Welt und hilft, manche Schwere zu überwinden.

bezeichnen, die schwierige Aufgabe, zwischen den beiden Polen immer wieder ein nur vorläufig zu erreichendes Gleichgewicht zu schaffen. Neben der »schöpferischen Anpassung« ist auch die »konservative Anpassung« problemlos. Sie umfasst die »organischen Anpassungen«, »die in einer langen phylogenetischen Geschichte in den Organismus« aufgenommen wurden und »natürlich integriert« worden sind und »sich als Ganzes« selbst regulieren (ebd., S. 196). (In Anlehnung ans »Lexikon der Gestalt-*therapie*«, vgl. Anm. 46.)

27 J. Zinker, *Gestalttherapie als kreativer Prozess* (1977), Paderborn 1982.
28 Im »Berliner Gestaltsalon« (www.berliner-gestaltsalon.de) bieten wir seit 2012 einen Rahmen, in dem die Wurzeln der Gestalttherapie vertieft, gestalttheoretische Fragen gestellt und gesellschaftlich relevante Themen diskutiert werden können. Daneben sollen künstlerische Darbietungen den lebendigen Ansatz der Gestalttherapie unterstreichen und zu Kontakt und Vernetzung einladen. Das Jahres-Programm umfasst jeweils drei Schwerpunkte, dies sind »Literatur und Kunst«, »Politik und Gesell-schaft«, »Spiritualität, Psychologie und Philosophie«. Zu diesen Schwer-punkten organisieren wir jährlich je ein bis zwei Gestaltsalon-Abende mit Input durch einen Referenten und ggf. am Folgetag einen dazu passenden Workshop zur Vertiefung oder thematisch anknüpfende Seminare.

»— Könnte ich — holt' ich. [...] In die Höhle und lichtlos, die Höhle — gesichtslos.«[29] — Immer wieder erleben wir in der therapeutischen Arbeit eine Sprachlosigkeit, ein Ringen um Worte, wo Erfahrungen kaum mitteilbar erscheinen und Zusammenhänge verlorengegangen sind. Die Suche nach Verbindung und Resonanz wird zu einer wesentlichen Aufgabe, um innere Zerrissenheit zu überwinden und mit sich und der Welt wieder in einen lebendigen Kontakt zu kommen. Dies trifft besonders auf die therapeutische Arbeit mit traumatisierten Menschen zu. Die theoretischen Ausführungen von Willi Butollo zu Traumatherapie sind für meine praktische Arbeit ein hilfreicher Hintergrund. Sich auf Martin Buber[30] beziehend, betont Butollo, dass Traumatisierung zum Verlust des dialogischen Selbst führe. Für die Therapie des traumatisierten Selbst benennt er zwei Heilungsziele: Einmal die Wiederherstellung einer möglichst viele Selbstanteile integrierende Antwortbereitschaft. Zum anderen die Mobilisierung der Ressourcen zum Eintreten in die dialogische Beziehung.

29 Marina Zwetajewa, *Gedichte an eine Waise: Die Höhle* (1936), übersetzt von Elke Erb, in: dies., *Liebesgedichte*, Franfurt/M. 2008, S. 93.
30 Martin Buber (1878-1965), jüdischer Religions- und Sozialphilosoph. Für die Gestalttherapie wichtig ist seine Schrift »*Ich und Du*« (1923) sowie daran anknüpfende Überlegungen zum dialogischen Prinzip. Da in der Gestalttherapie dem Kontakt die zentrale Bedeutung zugesprochen wurde und man alle psychischen Probleme auf Kontaktprobleme zurückführte, musste konsequenterweise für die Therapie der Kontakt zwischen Therapeuten und Klienten der Punkt sein, an dem die Heilung eingeleitet werden kann. Wenn man sich nach Theorien umschaut, die von der Beziehung zwischen Menschen jenseits von funktionalen soziologischen oder psychologischen Zweckverbindungen handeln, kommt man um Martin Buber und seine Begegnung im »Ich-Du« nicht herum. »Eine besondere Beschaffenheit des Wir bekundet sich darin, dass zwischen seinen Gliedern eine wesentliche Beziehung besteht oder zeitweilig entsteht; d. h., dass in dem Wir die ontische [seinsmäßige] Unmittelbarkeit waltet, die die entscheidende Voraussetzung des Ich-Du-Verhältnisses ist — das Wir schließt das Du potenziell ein. Nur Menschen, die fähig sind, zueinander wahrhaft Du zu sagen, können miteinander wahrhaft Wir sagen.« Martin Buber, *Das Problem des Menschen* (1938), Heidelberg 1982, S. 115 f.

»So wachsen im Kontakt Erfahrungen, die zu einer Wiederherstellung und Weiterentwicklung eines kompetenten, lebendigen Selbst führen. Ist auf diesem Wege die Stabilität der Selbstprozesse und damit die Kompetenz in wichtigen Lebensbereichen (Arbeit, Beziehung, Perspektiven) wiederhergestellt, kann das vom Betroffenen oft sorgsam gehütete Geheimnis einer traumatischen Erfahrung gelüftet und bearbeitet werden. Mit Hilfe der wieder aufgebauten Selbst-Sicherheit wird das Trauma in die Gesamtpersönlichkeit integriert, die zuvor für das Hüten des Geheimnisses erforderlich gewesene seelische Kraft wird frei und neu verfügbar. Im Annehmen des Faktums der erlebten Traumatisierung und der dadurch erlittenen Beeinträchtigung verliert dieses Ereignis paradoxerweise sein Gewicht. Der introjizierte Aggressor, eine Zeit lang intrapsychisch bekämpft und gefürchtet, wird als biografisches Faktum anerkannt und gewissermaßen stehen gelassen.«[31]

Bei durch Gewalt oder Kontaktisolation zwischenmenschlich vermittelten Traumatisierungen handle es sich, betont Butollo, um extreme Formen von »Nicht-Resonanz«. Die »Eigenschwingungen« in Gestalt der Kontaktsignale des Kindes werden entweder durch eine Nicht-Antwort unterbrochen oder die Kontaktmaßnahmen eines Erwachsenen »überrollen« das kindliche Kontaktaufnehmen — eines Erwachsenen, der auf das Kind nicht eingehen kann oder es gar ablehnt, es praktisch stumm macht.

Butollo beschreibt, wie das Trauma das »Selbst« bzw. die »Selbstprozesse« verändere.[32] Geschädigt werde derjenige

31 Willi Butollo, Marion Krüsmann, Maria Hagel (Hg.), Leben nach dem Trauma: Über den therapeutischen Umgang mit dem Entsetzen (1998), Stuttgart 2002., S. 108. Besonders auf das Kapitel »Trauma und Selbst-Antwort — die posttraumatische Entwicklung des Selbst« ist für meine Arbeit wichtig.
32 »Selbstwerdungsprozess« als Übersetzung von *self process* schlägt Stefan Blankertz vor in G. Wheeler, *Jenseits des Individualismus* (2000),

Teil des Selbst, der Kontakt zur Umwelt herstellt. Dieser Teil gestaltet und verinnerlicht die Beziehung zur Umwelt und zu den Mitmenschen. Erst in der Phase der Reorganisation des Selbst, also nach dem Trauma, findet laut Butollo eine Veränderung der Selbstwerdungsprozesse statt.

Wenn wir uns vor Augen halten, dass die Selbstwerdungsprozesse kognitiv-emotionale Vorgänge sind, die das Geschehen der gesamten Kontakte einer Person mit der Umwelt regulieren, wie Butollo betont — welche Auswirkung muss dann zum Beispiel eine destruktive Mutter-Kind-Beziehung auf die weitere Entwicklung eines Kindes haben? Wie wirken solche Erfahrungen sich auf die Schaffung innerer Repräsentation von der »Welt« und deren Antwort darauf aus?

Was sich dann innerlich abbildet, ist eine nicht-schützende, gefährliche Welt, die man schwer einschätzen kann, mit der es kaum Verständigungsmöglichkeiten gibt. Es ist eine Welt, die Erwartungen hat, die es zu erkennen und erfüllen gilt, um Schreckliches zu verhindern. Die Welt ist übermächtig und unberechenbar.

Die Selbstwerdungsprozesse seien immer interaktionell repräsentiert und zwar als dialogisches und verdinglichendes Selbst, meint Butollo.

Diese Interaktionen können aus verbalen oder nonverbalen, expliziten oder impliziten Botschaften bestehen, die Bedeutungen transportieren. Es können Botschaften der »Welt« über die »Welt« sein, die das *Weltbild* prägen, der »Welt« über die »Person«, die das *Selbstbild* formen, und das Ant-

Wuppertal 2006, S. 25 und begründet das so: »Der Begriff ›*self process*‹ wird in verschiedenen (sozial-) psychologischen Ansätzen (vor allem den Objektbeziehungs- und Rollentheorien) mit dem Bedeutungsumfeld von Identitätsbildung oder -findung sowie Verarbeitung von Eindrücken und Empfindungen usw. gebraucht.« Für mich macht »Selbstwerdungsprozess« deutlicher, dass es das Selbst selbst ist, das sich in einem Werden befindet, nicht ein Apparat, in welchem Prozesse stattfinden.

wort-Verhalten der »Person« der »Welt« gegenüber, die
die *Selbst-Ver-Antwortung* betreffen.

Sprach- und Handlungskompetenz verbessern, so Butollo,
ganz allgemein die *Verantwortlichkeit* des Menschen und damit seine Selbstwerdungsprozesse. Sprachliche Differenzie-
rung in der Wahrnehmung, Erinnerung sowie der Bezie-
hungsgestaltung gehen mit persönlicher Autonomie einher.

**»Die tonlosen Türme zerscherbten zu nichts. | Nichts ist
geschehen. Ich hab nicht gesprochen.«**[33] —Für manche
Klienten ist es hilfreich auch nichtsprachliche Ausdrucksformen in die Therapie einzubeziehen. Besonders in der Arbeit mit traumatisierten Klienten kann Kunst und künstlerisches Arbeiten einen Zugang schaffen zu sich selbst und zur
Welt. Der therapeutische Dialog wird bereichert durch eine
Sprache jenseits der Worte, wo Nicht-Sagbares einen Ausdruck finden kann und die Resonanz darauf zu einer Bele-
bung des Selbst beiträgt.

Wenn ich in therapeutischen Sitzungen zum Malen einlade
oder wir mitgebrachte Bilder gemeinsam betrachten und
mit ihnen arbeiten, wird Unbewusstes, nicht Greifbares oder
gar Erschreckendes mitteilbar und handhabbar. Oft bringt
dieser Prozess Ressourcen und Fähigkeiten zu Tage, die
selbst für die Klienten überraschend sind. Manchmal
werden frühere Stärken und Interessen wiederentdeckt und
positive Erfahrungen erinnert, an die angeknüpft werden
kann. So entwickelte sich in einem therapeutischen Prozess,
in dem künstlerischer Ausdruck wesentlicher Teil unserer
Arbeit war, die Idee zu einem Kunstprojekt. In der Umset-
zung bezog ich Ruth Reinboth, meine ehemalige Ausbildne-
rin mit ein, die zu dieser Zeit ebenfalls mit einer Klientin
arbeitete, für die Malen eine wichtige Ausdrucksform der
Traumaverarbeitung war. Das Kunstprojekt gipfelte in einer

33 Eva Strittmatter, *Zwiegespräch* (1980), Berlin 2003, »Verlust«, S. 86.

Ausstellung einiger ausgewählter Bilder und Objekte. Für beide Klientinnen war die Ausstellung eine sehr große Herausforderung, der über ein halbes Jahr lang eine intensive Arbeit vorausging und die eine ebenso intensive Nacharbeit der angestoßenen inneren Prozesse nach sich zog.

»Das schmerzt mich so, wie der Verlust des Lichts.«[34] — Für den Prozess mit meiner Klientin, ich will sie hier Sarah nennen, war es zu diesem Zeitpunkt wichtig, zu untersuchen, was sie in der Vergangenheit gerettet und geschützt hatte und was ihr in der Gegenwart half, sich zu stabilisieren. Dabei entdeckten wir eine ganze Menge Fähigkeiten, die wir in ihrer Wichtigkeit würdigten und an die wir in der weiteren Arbeit anknüpften. Daraus entstand im zweiten Jahr unserer Zusammenarbeit die Idee des Kunstprojektes. Damit sollte einerseits an ihre Erfahrung angeknüpft werden, dass Kunst sie aufrichtete und ihr viele Möglichkeiten gab, sich im Tun als handlungsfähig zu erleben und Ohnmacht zu überwinden. Es sollte eine verstärkte Auseinandersetzung mit dem sein, was ihr Kraft und Halt gab. Gleichzeitig sollte das Thema die Bewältigung der traumatischen Lebenserfahrung sein, die einen tiefen Riss zwischen ihr und der Gesellschaft verursacht hatte. Eine Ausstellung sollte es also werden; zum Thema »Trauma«, mit dem Titel »Kunst heilt« — an einem öffentlichen und doch geschützten Ort. Das war meine Praxis, der Rahmen der Berliner Gestaltsalon. Sie sollte mit dem Thema, das sie aus dem Leben geworfen hatte, wieder einen Platz in der Gesellschaft bekommen. Hier konnte sie auch Menschen einladen, die ihr etwas bedeuteten, die ihre Not ansatzweise kannten und denen sie nun etwas von sich zeigen konnte, das mit der Verarbeitung ihrer Erfahrungen zu tun hatte.

34 Eva Strittmatter, *Zwiegespräch* (1980), Berlin 2003, »Verlust«, S. 86.

»Nun sind die lautlosen Säulen zerbrochen.«[35] — An dieser Stelle möchte ich Sarah zu Wort kommen lassen, indem ich aus ihrem Begleitheft zur Ausstellung den einleitenden Text wiedergebe sowie zwei ihrer Exponate inklusive ihrer Beschreibungen.

35 Eva Strittmatter, *Zwiegespräch* (1980), Berlin 2003, »Verlust«, S. 86.

MOTIVATION FÜR DIE AUSSTELLUNG

*Inhalt der Ausstellung ist die Arbeit mit und um das Thema
»Trauma«, die Trauma-Erfahrung und die Trauma-Folgen.
Diese Ausstellung als Teil der gemeinsamen therapeutischen
Arbeit spiegelt sowohl die eigene Auseinandersetzung mit
den traumatischen Erlebnissen wieder, wie auch den Umgang
Fremder damit.*

*Die entstandenen Arbeiten begleiteten diesen Prozess und
zeigen, wie sehr sie dem in der Therapie Besprochenen Nahe
kommen und Versuche sind, der nicht sprachlichen Ebene Ausdruck zu verleihen.*

*Das Angenommen- und Sichtbarwerden mit nicht sprachlichen
Ausdrucksformen war ein erfüllender Moment, da es möglich
wurde, die Limitierung durch Sprache zu überwinden und
Nicht-Sagbares auszudrücken. Diese Arbeiten auszustellen
wurde zu einem Bedürfnis, nämlich mitteilen zu wollen, dass
es kaum möglich ist, Trauma nur rein sprachlich zu erfassen,
denn genau wie diese einschneidenden Erlebnisse nicht nur
eine Region geschädigt haben und klar und deutlich zu um-
reißen wäre, genau so wenig ist es mit den gesprochenen Worten
in einer Stunde zu erklären, zu zeigen oder zu erfühlen. Es
braucht mehr. Es muss wahr werden dürfen, dass Trauma
nicht nur eingrenzt, beschädigt und isoliert, sondern dass ein
freier annehmender Umgang die Möglichkeit gibt, endlich aus
dieser Isolation heraustreten zu können. Was durch Menschen
beschädigt wurde kann durch Menschlichkeit heilen!* sarah

»STRATIGRAPHIE«

»Stratigraphie« (2011)

»STRATIGRAPHIE« (2011)

Stratigraphie: lat. stratum *»Schicht« und* γράφειν gráphein
(-graphie) »schreiben«.
So entsteht Geschichte: Schicht für Schicht, in einer chrono-
logischen Folge. Genau wie bei Gegenständen ist auch die eigene
Geschichte vom Lauf der Dinge nicht zu trennen. Es kommt
vor, dass nur durch eine Verletzung, der an der Oberfläche
liegenden Schicht, die darunter Liegenden sichtbar werden.
Es wäre falsch zu behaupten, dass diese einzelnen Strati-
graphien nichts mit einander zu tun hätten. In Kontakt sein
bedeutet seine gesamte Geschichte wahr zu nehmen.
Genau wie das Trauma nicht auf eine bestimmte Ebene oder
Schicht begrenzt ist, genauso wenig können wir nur einen Teil
von uns versuchen zu behandeln oder behandeln zu lassen.
Das, was einem angetan wurde, hat Folgen, in erster Linie für
einen Selbst, aber da wir alle Teil dieser Stratigraphie sind, hat
es auch Auswirkungen auf unsere Umwelt.
Die traumatische Erfahrung hat die Verbindung zu den eige-
nen bewussten Schichten abgerissen. Der Schmerz im Moment
des traumatischen Ereignisses war so klar und deutlich und
er machte bewusst, dass es für das, was gerade passierte kein
zurück mehr geben würde, kein wieder gut machen, kein
Leben, wie davor, sondern in diesem Moment, war klar, dass
eine Trennung von sich und der Welt stattgefunden hat. Eine
grundlegende Unsicherheit gegenüber sich selbst und der Welt
blieb zurück: Die Wahrheit scheint nicht mehr wahr, die Lüge
keine Lüge mehr, richtig nicht mehr richtig und falsch nicht
mehr falsch.
Es bleibt das Nichts, ES nicht beschreiben, sagen oder fühlen zu
können. Diese Zerrissenheit einmal erkannt zu haben, führt

dazu, sie immer wieder zu sehen, immer wieder zu fühlen, aber dennoch nicht verstehen zu können.

Dem Traumatisierten ist es kaum möglich, dieses Auseinander-gerissen-worden-Sein wieder allein zu integrieren. Irgendwie scheint es, als würden sich traumatische Erfahrungen immer wieder wiederholen, weil Menschen ihre eigenen Geschichten leugnen und abspalten und sie auf Fremde treffen, die ebenfalls vieles verdrängen. Im Kontakt mit der Außenwelt fühlt es sich oft so an, als wären all jene Menschen, genau wie man selbst, traumatisiert und es bleibt die Scheu, sich mit der eigenen Ge-schichte in eine Außenwelt zu trauen, die sich genauso kaputt und begrenzt anfühlt, wie man selbst. Die Trauma-Erfahrung wird zu einer Trauma-Welt. sarah

»HÄNDE«

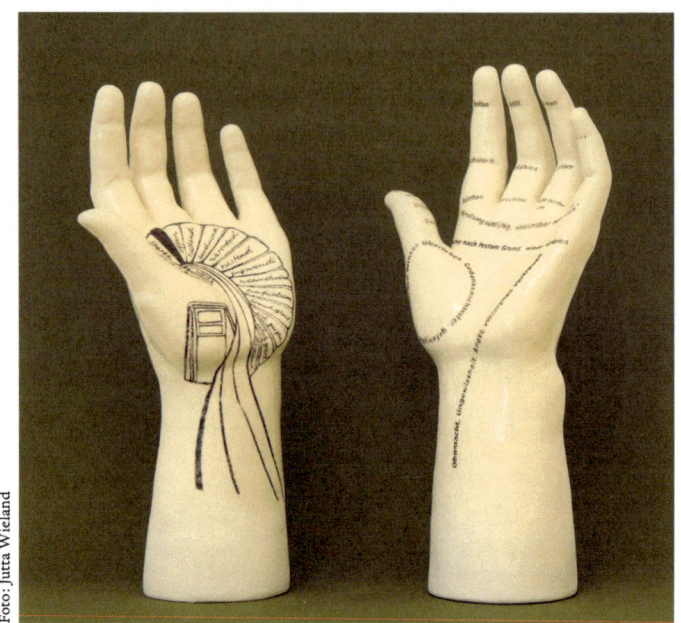

»Hände« (2013)

»HÄNDE«

*Hände — Geben und Nehmen. In der Therapie ist die Haltung,
eine innere Bereitschaft zu geben — gerne zu geben! —, eine
Art Voraussetzung oder Vereinbarung, um nehmen zu können.
Dieses wird im Laufe der Zeit ein Annehmen der eigenen
Geschichte — annehmen zu können, was man selber besitzt,
um wieder handlungsfähig zu werden.*

*Mit den zwei Händen wird diese Art Vereinbarung oder der
Moment des Austauschs von Geben und Nehmen ausgedrückt.
Es entsteht zwischen den Händen ein Raum der niemandem ge-
hört. Es ist der heilende Raum. Heilung in dem »Dazwischen«
— Leben spüren. Zwischenraum — Raum zwischen dem Selbst.
Es ist ein Raum, frei von Verletzungen, Kränkungen und Trug-
bildern. Da es dort nicht um ein Haben geht, ist es ein Raum
ohne Beschränkung!*

*Die Haltung der Hände ist eine leicht geöffnete. Sie soll frei von
Angst sein — nicht klammernd (festhaltend) und auch nicht
flach. Die geschlossene Hand hat keinen Platz mehr und die
flache Hand ist unfähig zuzugreifen und der vielleicht zu be-
kommenden Hilfe abgeneigt.*

*Die Hände aus Ton sind beide ein Abbild der linken Hand. Es
sind beides meine Hände, die dank der Suche nach Hilfe auch
wieder Hilfe nach Hause holen können. Zwei linke Hände, die
sich spiegeln und eine Einheit bilden.*

*In der Innenfläche, dem eher unbeschützten Teil der Hand,
habe ich mit dem Siebdruckverfahren Wörter abgedruckt, die
als einzige Aussage geblieben sind, um sich mitzuteilen. So wie
die Handflächen eine Geschichte erzählen, so möchte ich nun
die Sprache nutzen, um Wörter, also ein echtes sichtbares Aus-
der-Hand-Lesen darzustellen.*

Wiedergefundene Worte, die das Trauma versprachlichen, bedeuten, dass man verstanden werden kann, dass es einen Weg aus der Isolation gibt, dass ein Trauma niemandem vollständig Schaden kann, sondern dass es eine besondere Aufmerksamkeit braucht, um herauszufinden, auf welchem Wege oder mit welchen Mitteln all das ausgedrückt werden kann, was mit reinem Wort nicht zu erklären ist. Das Trauma nimmt uns die Stimme, aber es bleibt soviel mehr, um uns mitzuteilen, um Zeugnis abzulegen, um nicht zu vergessen, denn das ist die Kraft, die dem Trauma fremd bleibt, weil wir noch da sind.

sarah

»Träume lassen sich | in Steckdosen verstecken«[36] —
Träume beschäftigen Menschen seit Urzeiten. Sie geben
Rätsel auf, laden ein, sie zu deuten, in ihnen die Zukunft oder
die Vergangenheit zu lesen oder sie wissenschaftlich zu erforschen. Oft sind Träume verwirrend, seltsam beunruhi-
gend oder sogar so erschreckend, dass man nachts aufwacht.
Therapeuten verschiedener Schulrichtungen haben Formen
der Arbeit mit Träumen entwickelt, allen voran Sigmund
Freud, der seine Erforschung der Träume in dem umfang-
reichen Werk der Traumdeutung festgehalten hat.
Auch Fritz Perls, Mitbegründer der Gestalttherapie, setzte
in seinen Ausbildungsworkshops die Arbeit mit Träumen
gerne ein. Er forderte dazu auf, Träume lebendig werden zu
lassen und für weit mehr offen zu sein, als nur für die Inter-
pretation oder für das, was einem in den Sinn kommt; es
sollten auch Gefühle, Emotionen und Gesten zugelassen
werden. Nach seiner Auffassung stellt jedes Element im
Traum einen entfremdeten, abgespaltenen Selbstanteil dar.
Durch Identifikation mit den Traumelementen und dem
Durchspielen dieser »Rollen« entsteht wieder eine Verbindung zu jenen verloren gegangenen Anteilen. Für Perls ist
die Arbeit mit Träumen *»the royal road to integration«*. Das
Integrieren ist ein fortwährender Prozess des Kontakt-
aufnehmens mit seinen Gefühlen, Gedanken, körperlichen
Bedürfnissen und Regungen, um in einen lebendigen Aus-
tausch mit seiner Umwelt zu kommen und sich dabei des
Einflusses der Vergangenheit ebenso bewusst zu sein, wie

36 Aldona Gustas, *Querschnitt: Gesammelte Gedichte 1962-1992*, Düsseldorf 1992, Nr. 11.

des Horizonts seiner Zukunft. Perls: »Ich glaube, dass wir im Traum eine klare existentielle Botschaft dessen haben, was in unserem Leben fehlt, was wir zu tun und zu leben vermeiden, und wir haben eine Menge Stoff zu re-assimilieren und müssen uns unsere entfremdeten Teile wieder zu eigen machen.«[37] Viele Gestalttherapeuten nutzen die Arbeit mit Träumen gerne als eine Möglichkeit der Annäherung an Themen, die der Traum zum Vorschein bringt. Die erlebnisorientierte Arbeitsweise der Gestalttherapie ist dabei der Bildersprache der Träume sehr angemessen. Im gemeinsamen therapeutischen Prozess verbinden sich Denken und Erleben, Kognition und Emotion, Intuition und Rationalität, Analyse und Kreativität.

»Wenn du denkst | ernten Träume Gedanken«[38] — Im Folgenden beschreibe ich eine Traumarbeit mit einer Klientin, die bereits seit längerem bei mir in Therapie war. Jene Klientin, Anfang 40, suchte therapeutische Unterstützung, weil sie mit großen Selbstwertproblemen und Ängsten zu kämpfen hatte. Sie fühlte sich schnell überfordert, wenn sie Aufgaben selbstständig bearbeiten sollte. Ihr Studium hatte sie geschafft, ohne das Gefühl zu haben, dass sie es war, die das geschafft hatte. Der Kontakt zu sich selbst, zu ihren Gefühlen und Fähigkeiten ging ihr immer wieder verloren, dann fühlte sie sich unfähig und hilflos. Sicherheit empfand sie, wenn ihr Mann oder die Kinder um sie herum waren. Auch nachts war dies wichtig. Wenn sie alleine war, musste sie das Licht während des Schlafens anlassen, um nicht in Panik zu verfallen. Sich um ihre Kinder zu kümmern empfand sie als eine sinnvolle und wichtige Aufgabe, die etwas Beruhigendes hatte. Sie begann im Laufe unserer Arbeit, die Idee

37 Frederick S. Perls, *Gestalttherapie in Aktion* (1969), Stuttgart 1987, S. 83.
38 Aldona Gustas, *Querschnitt: Gesammelte Gedichte 1962-1992*, Düsseldorf 1992, Nr. 11.

zu entwickeln, mit Kindern therapeutisch arbeiten zu wollen. Als sie damit angefangen hatte, diese Idee auf Umsetzbarkeit zu prüfen, kam sie eines Tages mit jenem Traum in die Sitzung, den ich hier vorstellen möchte.

»Wenn du weinst | sind Träume Tränenschlucker«[39] —
Im Traum wurde sie von einem Mann in einem weißen Mantel durch ein Kinderheim geführt. Es war, als würde er ihr ihre zukünftige Arbeitsstelle zeigen. Nur es waren keine Kinder zu sehen, es war seltsam still und leer. Erst als sie verwundert nach den Kindern fragte, wurde sie die Kellertreppe hinabgeführt und die Tür zu einem Gewölbe geöffnet. Dort im dämmrig dunklen Keller sah sie eine große Anzahl von Kindern, die entstellt und verkrüppelt vor sich hin wimmerten. Der Anblick dieser Kinder erschreckte sie so sehr, dass sie schweißgebadet und voller Angst aufwachte.

»Träume sind Uferkinder | man umklammert sie nachts«[40] — Dieser Traum brachte sie einer Kindheitserfahrung nahe, über die sie in der Therapie schon öfter gesprochen hatte. Jedoch wirkte sie beim Erzählen ihrer Geschichte bisher immer abgeklärt und emotional distanziert. Der Traum brachte eine bisher abgespaltene Gefühlsqualität zum Vorschein, die sehr erschreckend und angstmachend für sie war.
In ihrer Kindheit hatte die Klientin über mehrere Jahre erlebt, dass sie von ihrem Vater in den dunklen Keller gesperrt worden war. Dort musste sie eine für sie unbeschreiblich lange Zeit in der Dunkelheit verbringen. Dies waren seit ihrem vierten Lebensjahr die Strafmaßnahmen des Vaters für »schlechtes Benehmen«, womit alle kindlichen Äußerun-

---

39 Aldona Gustas, *Querschnitt: Gesammelte Gedichte 1962-1992*, Düsseldorf 1992, Nr. 11.
40 Aldona Gustas, ebd.

gen von Lebendigkeit gemeint sein konnten. Sie hat in diesem Keller unendliche Ängste ausgestanden. Die Mutter hatte sie nicht geschützt. Diese fühlte sich ihrem Ehemann immer unterlegen, fühlte sich selbst als Opfer und hilflos. Auf tragische Weise wiederholte sich hier ein Familiendrama. Die Mutter war als Kleinkind mit ihrer eigenen Mutter im Zweiten Weltkrieg bei einem Bombenangriff verschüttet worden. Beide überlebten und wurden nach mehreren Tagen geborgen. Geblieben ist die Ohnmacht und Hilflosigkeit, die die Mutter nie überwunden hat. Der Vater war ebenfalls traumatisiert und ohne Einfühlungsvermögen in die kindlichen Bedürfnisse.

»abhanden kam mir | die gestickte Trauer einer Tagesdecke« [41] — Nachdem die Klientin den Traum erzählt hatte, bat ich sie zu beschreiben, wie es ihr beim Erzählen gehe, wie sie sich fühle. Sie war sehr aufgewühlt. Das Erzählen erleichterte sie bis zu dem Punkt, wo es um den Anblick der entstellten Kinder ging. Da war Angst und Entsetzen aus ihrer Stimme zu hören und am Körper abzulesen. Ich schlug ihr vor mit dem Traum zu arbeiten und fragte sie, ob sie sich vorstellen könnte, in der Phantasie noch einmal in diesen Keller zu gehen. Ich würde sie begleiten. Sie sollte beschreiben, wie sie sich fühlte bei der Vorstellung diese Treppe in den Keller zu gehen. Jeder Schritt bedeutete eine emotionale Schwerarbeit. Auf diesem Weg war es wichtig, immer wieder nachzufragen, ob sie bereit war, den nächsten Schritt zu gehen. Der sichere Kontakt zu mir und die Gewissheit, diese Annäherung jederzeit unterbrechen zu können, war Voraussetzung für diese »Übung«. Im Keller angekommen, bat ich sie zu beschreiben, was sie sehe und wie es ihr bei diesem Anblick gehe. Sie sprach sehr leise, es war sehr schmerz-

41 Aldona Gustas, *Querschnitt: Gesammelte Gedichte 1962-1992*, Düsseldorf 1992, Nr. 35.

78

haft zu benennen was sie sah und fühlte. Im nächsten Schritt sollte sie überlegen, wie sie die Geschichte weiterführen könnte an der Stelle, wo sie erschrocken aufgewacht war. Sie hatte den Impuls für die Kinder etwas zu tun, sie wollte die Situation für die Kinder verändern. Ich ermutigte sie, zu überlegen, auf welche Weise sie dies tun könnte. Und so entwickelte sie das Bild, dass sie alle Kinder die Kellertreppe hinauf ins Freie führen würde. Dieser Teil belebte sie, die Stimme wurde kräftiger, freudig. Dann wollte sie mit den Kindern auf einem freien weiten sonnenbeschienenen Platz verweilen. Sie wollte dort mit den Kindern allein sein und wollte sich selber um die Kinder kümmern. Ich sollte am Rande dieses freien Platzes, in Sichtweite, auf sie warten.

»**kam mir die Wirklichkeit abhanden | Alice im Wunderland versteckte mich**«[42] — Sich aktiv der düsteren Kellererfahrung anzunähern und eine gute Lösung für die Kinder zu entwickeln, hatte etwas Erleichterndes und Befreiendes. Eine lange unabgeschlossene Gestalt konnte sich schließen. Offensichtlich hatte die Klientin zu diesem Zeitpunkt genügend inneren und äußeren »*support*« um sich diesem, ihr Leben blockierenden Ereignis, noch einmal zuzuwenden. Die Klientin war nach dieser Traumarbeit zwar sehr erschöpft, wirkte aber klarer und präsenter. Diese Arbeit war ein wichtiger Schritt der Integration ihrer traumatischen Erfahrung. Sie spürte, dass sie in der Lage war, sich mit dem Schrecken der damaligen Erfahrung zu konfrontieren ohne davon verschlungen zu werden. Die existentielle Botschaft des Traumes führte sie an den Ort, wo sie ihre Lebendigkeit wieder finden konnte. Die visualisierte Befreiung, war eine emotionale Befreiung aus einer ohnmächtigen Hilflosigkeit, die sie im Leben oft erstarren ließ.

42 Aldona Gustas, *Querschnitt: Gesammelte Gedichte 1962-1992*, Düsseldorf 1992, Nr. 35.

»Die Dörfer der Kindheit, die sandigen Dörfer. [...] Wie man erfuhr in späteren Zeiten | Über diese Zeit. Ich aber sah.«[43] — Kennen wir das nicht alle: Wege, die wir nahezu blind gehen, Handgriffe, die wir täglich tun, Haltung, die sich den Erwartungen angepasst hat, vielleicht sogar das Denken, das in den immer gleichen Bahnen geht.

Das alles gibt viel Stabilität und Sicherheit. Solange kreative Freiräume für Unterbrechungen sorgen und den Trott der Gewohnheiten durch Neues anreichern, solange wir nach vorne schauen und Ideen und Pläne für unser Leben haben, fühlen wir uns lebendig.

Wir brauchen ein gewisses Maß an offenen Spiel-Räumen, in denen wir uns neu entdecken und neue Erfahrungen machen können. Offene Räume, nicht durch Konvention gesicherter Kontakt, unvertraute Situationen machen vielen Menschen Angst und verunsichern. Die Gestalttherapie geht davon aus, dass gerade in der Begegnung mit dem Neuen seelisches Wachstum möglich wird, vorausgesetzt wir fühlen uns innerlich sicher genug, sodass das Neue uns nicht überwältigt. Wie viel Sicherheit brauche ich und was gibt mir die nötige Sicherheit, um neue Schritte wagen, mich auf neue Menschen oder neue Aufgaben einlassen zu können?

Die Gestalttherapie bietet einen Rahmen, um festgefahrene Strukturen anzuschauen und zu hinterfragen, um neue Denk- und Verhaltensweisen auszuprobieren und angemessenes Handeln zu entwickeln. In Gestalt-Gruppen wirkt die Resonanz der anderen Teilnehmer verstärkend auf die eigenen

43 Eva Strittmatter, *Zwiegespräch* (1980), Berlin 2003, Die »Lust der Entdeckung«, S. 83.

Prozesse. Körperprozessarbeit und die Arbeit mit kreativen Medien fördern den nicht-sprachlichen Selbstausdruck und eröffnen einen Zugang zu verborgenem Potenzial.

»Lust der Entdeckung! Jenseits von Kummer.«[44] — Erfahrungen prägen unser Verhältnis zu uns selbst und zur
Umwelt. Erfahrungen sind auch immer körperliche Ereignisse, auf die wir körperlich reagieren. Ob mich jemand an-
schreit oder mir herzlich zulacht, löst sehr unterschiedliche
Reaktionen — auch körperlich — in mir aus. Im ersten Fall
werde ich voraussichtlich meine Muskeln anspannen und
mich zur Abwehr bereit machen, wahrscheinlich auch den
Atem anhalten, flach atmen, vielleicht erstarren. Im zweiten
Fall wird mir vielleicht warm in der Brust und mein Gesicht
entspannt sich, vielleicht spüre ich freudige Aufregung in
meinem Körper.

Wir können nicht anders als körperlich zu reagieren; wir
sind körperliche Wesen. Probleme des Selbst — Identitäts-
probleme, emotionale Verstrickung, Empfindung von Zer-
splitterung etc. — sind in Verbindung mit körperlichen Erfahrungen zu sehen. Eine Trennung von Körper und Selbst
führt dann dazu, den Körper zu behandeln als wäre er ein Etwas, das getrennt von mir betrachtet werden könnte. Sich
frei von seinem Körper zu wähnen, ignoriert die existenziel-
len Bedingungen unseres Seins. So ist mir unter Umständen
nicht bewusst, dass meine Kopfschmerzen mit ungelösten
inneren Konflikten zu tun haben und umgekehrt, dass die
Depression mit zurückgehaltenem Ausdruck von Impulsen
zusammenhängt.

In seinem Buch über Körperprozessarbeit, auf das ich mich
im Folgenden beziehe, beschreibt James I. Kepner, wie die

44 Eva Strittmatter, *Zwiegespräch* (1980), Berlin 2003, Die »Lust der Entdeckung«, S. 83.

Muskelbewegungen ein wesentlicher Teil jedes Austauschs mit unserer Umgebung sind. Durch Bewegungen äußern wir Gefühle, manipulieren und gestalten wir die Umwelt, treten wir zu anderen in Beziehung und reagieren auf sie, schaffen und verändern wir Grenzen, verteidigen die organismische Integrität.[45]

Unter schwierigen Bedingungen in der Umwelt werden die Bewegungsimpulse durch Muskelanspannung blockiert. Auch Gefühlsäußerungen werden blockiert, um nicht Gefahr zu laufen, negative Erfahrungen zu machen. Allmählich werden diese Bewegungen fremd, fühlen sich bedrohlich für das eigene Selbst-Gefühl an und werden abgeleugnet. Dadurch stehen sie als Kontaktfunktion nicht mehr länger zur Verfügung.

Gestalt-Tanzarbeit, inspiriert durch Anna Halprin,[46] bringt in Kontakt mit dem körperlichen, sinnlichen Hintergrund und verbindet diesen mit der eigenen Lebensgeschichte. In der Begegnung mit sich selbst, mit einem Anderen als einem Gegenüber und der Gruppe erfährt man sich auf den drei Ebenen des Kontaktes, die für uns im Leben wesentlich sind. Indem nicht mehr Spürbares wieder wahrnehmbar wird, können unbefriedigende Muster und Strukturen verändert werden.

Die therapeutische Aufgabe sieht Kepner hierin, dazu beizutragen, erstarrte und automatisierte Körperstrukturen in aktive organismische Prozesse umzuwandeln und die Integration der zugrundeliegenden Spaltung des Selbst zu fördern. Es gehe nicht darum, alte Strukturen einfach zu eliminieren, sondern sie in die Prozesse umzuwandeln, die sie repräsentieren und alles, was abgespalten ist, in das Selbst zu integrieren.

---

45 James I. Kepner, *Körperprozesse* (1987), Köln 1988, S. 44.
46 Anna Halprin (*1920), avantgardistische amerikanische Tänzerin.

In der Stille erwacht... — Verweile ich mit meiner Aufmerksamkeit bei meinem Körper, verdeutlicht sich meine Wahrnehmung. Empfindungen, Gefühle, Impulse tauchen auf, werden zur Figur vor einem Hintergrund, der meine gesamte Lebenserfahrung umfasst. Körperempfindungen sind, wie Kepner beschreibt, Figuren, die sich auf dem Hintergrund der bisher im Leben gemachten Körpererfahrungen abheben. Eine Figur ist etwas, das mehr oder weniger deutlich ins Bewusstsein kommt, die Aufmerksamkeit erregt und an Energie gewinnt, wenn sie für das eigene Selbst von Bedeutung ist.

Sinne, die auf die Innenwahrnehmung gerichtet sind, teilen uns den Zustand unseres Organismus, Gefühle, Wünsche, Bedürfnisse mit. Sie verankern uns in unserer persönlichen Realität. Ohne deutliche innere Empfindungen verlieren wir das Gefühl dafür, wer wir sind und was wir brauchen. Die Empfindungsfähigkeit ist für unser Realitätsbewusstsein, unsere Erdung, wesentlich. Unser Realitätssinn hängt vom Grad unseres Kontaktes mit unserem sensorischen Grund ab.

...tief in deiner Mitte ein Drängen, das ins Leben will... — Durch die nach außen gerichteten Sinne — Sehen, Hören, Schmecken, Riechen, Tasten — sind wir in der Realität unserer Umwelt verankert und bestimmen unser Verhältnis zu ihr. Ein Alltagsbeispiel:

Ich sehe einen Menschen auf der andren Straßenseite, beim Näherkommen erkenne ich ihn. Ich will über die Straße zu ihm gehen. Höre ein Auto, halte inne im Gehen, lasse das Auto vorbei fahren und überquere nun die freie Fahrbahn. Wir grüßen uns mit einem Händedruck. Ich spüre, dass seine Hände kalt sind. Es riecht nach frisch gerösteten Kastanien. Das erinnert mich an meine Heimat Wien.

Diese einfache Alltagsbegebenheit zeigt, wie unsere Sinne

uns Orientierung in unserer Umwelt geben und uns mit unserem Erfahrungshintergrund verbinden. Kepner betont, dass wir ohne klare und verfügbare Empfindungen den Kontakt mit unseren Bedürfnissen, mit unserem gegenwärtigen organismischen Zustand, mit unserer Lage in der Welt und unserem Verhältnis zu unserer Umgebung verlieren würden.

Arme breiten sich aus, Fuß folgt auf Fuß ... — Fast alle unsere Kontaktfunktionen erfordern Bewegung in der Umwelt. Diese Bewegungen sind nicht als isolierte mechanische Vorgänge zu verstehen, sondern als wesentliche und sinnvolle Bestandteile der eigenen Selbstregulierung. Wenn es zum Beispiel im Verlauf des Kontaktprozesses um die Phase des Handelns geht, sind expressive Bewegungen nötig, um sich auszudrücken, etwas zu ergreifen, einen Weg zu gehen, etc.

Ein Handeln, das nicht in der Funktionsweise der eigenen Person begründet ist, bleibt laut Kepner abgespalten von dem eigenen Ich- oder Selbst-Gefühl. Handeln, das von dem Anderen getrennt wäre, auf den hin man handelt, würde das Selbst von der Umwelt trennen, in welcher Bedürfnisse erfüllt werden könnten. Das unverbundene Selbst wird sein Potential nicht entfalten können, es wird geschwächt und mutlos bleiben.

Das innen Gespürte | strömt, sprudelt, wirbelt | nach draußen. — Bewegung muss in Empfindung und Gefühl wurzeln und uns in entsprechenden Kontakt mit unserer Umwelt zur Erfüllung von Bedürfnissen bringen. Handlung kann somit als Bewegung im Dienst von Kontaktvollendung gesehen werden.

»Hier, wo ein jeder | Zagt und erschlafft.«[47] — Die Teil-
nehmer in Workshops machen oft für sie überraschende Erfahrungen. Zum Beispiel hatte ich zwei Männer in einer
Gruppe, die meinten, sie hätten ziemlich große Angst vor
dem, was sie erwarten würde, da sie keine oder nur negative
Erfahrungen mit dem Tanzen hätten. Da dieser Workshop
Teil einer Ausbildung war, konnten sie sich auch nicht ent-
ziehen und mussten anwesend sein. Ich bat sie darum, sich
im Workshop nicht zu überfordern und sehr genau auf ihre
Grenzen zu achten, nur Bewegungen zu machen, mit denen
sie sich wohlfühlten, sich nicht zu etwas zu zwingen, jedoch
auszuprobieren, was sie neugierig machte.
Im Kontakt mit ihrem Widerstand und ihrer Abwehr gegen
das Tanzen, entdeckten sie die Kraft und Vitalität die darin
steckte. Sie fanden Zugang zu Gefühlen, die angemessen
ausgedrückt werden konnten, sie erlebten, dass sie mit ihrem
Widerstand da sei konnten und nicht aus der Gruppe raus
fielen.
Das Beispiel macht deutlich, wie sinnvoll es ist, Widerstand
nicht als »Mittel« des Selbst zu verstehen, mit dem jemand
etwas erreichen will (zum Beispiel: sich nicht in die Gruppe
einbringen zu müssen), sondern als Selbst in Aktion. Widerstand ist »aktive Äußerung von Vitalität«,[48] wie es Kepner
bezeichnet.

---

47 Marina Zwetajewa, *Liebesgedichte*, Frankfurt/M. 2008, »Hier, in der
Welt« (1924 Übersetzung Uwe Grüning), S. 35.
48 James I. Kepner, *Körperprozesse* (1987), Köln 1988, S. 109.

**»Ein Schmerz, vertraut, wie den Augen — die Hand, |
Wie den Lippen —«**[49] — Eine Teilnehmerin meinte zu Beginn eines Workshops, sie würde sich einerseits freuen und andererseits aber hätte sie Angst vor Gefühlen, die sie überschwemmen könnten. Sie leidet an einer chronischen Erkrankung, die mit Bewegungseinschränkungen einhergeht. Diese Erkrankung ist für sie eine große Belastung. Im Alltag blende sie ihren Körper aus, um nicht mit dem Leiden konfrontiert zu sein. Auch in der Gruppe sei sie zurückhaltend, was das Sprechen über ihre Beschwerden und mit ihnen zusammenhängenden emotionalen Belastungen betrifft.

Wir vereinbarten, dass sie jederzeit entscheiden könne, den Prozess in der Gruppe zu unterbrechen, wenn sie merken würde, dass sie mit den aufkommenden Gefühlen überfordert sei. Die Verabredung implizierte die Aufforderung, genau wahrzunehmen, was sie bereit war zuzulassen. War die Krankheit ungefragt in ihr Leben gekommen, so konnte sie in diesem Prozess selbst bestimmen, wie weit sie sich auf sich und die Gruppe einlassen wollte. Auf diese Weise erfuhr sie eine Stärkung ihrer Selbstbestimmung und musste sich weniger der Krankheit ausgeliefert fühlen. Das ermöglichte es ihr, den gesamten Prozess in der Gruppe mitzumachen. Sie weinte viel, bekam viel Zuwendung aus der Gruppe, erlebte intensive Momente von Begegnung, ohne ihre Krankheit ausblenden zu müssen. Sie wirkte belebt und gestärkt. Die Krankheit trennte sie nicht mehr von sich und von den Anderen, sie war vielmehr in die Erfahrungen integriert.

49 Marina Zwetajewa, *Liebesgedichte*, Frankfurt/M. 2008, »Liebe« (1924, Übersetzung Ilma Rakusa), S. 36.

Stell' dir vor, dein Leben ist ein Tanz — Biografische Tanz-arbeit ist ein von mir entwickeltes Konzept, das Teilnehmer in Sieben-Jahres-Schritten durch ihr Leben führt. Wenn die eigene Geschichte den Fokus der Tanz- und Bewegungs-arbeit bildet, wird der Hintergrund dessen beleuchtet, wer wir heute sind. Diese Annäherung an die eigene Geschichte erfolgt über unsere »Körpererinnerung« und Bildersprache der »Seele«. Die Geschichte, die unser Körper erzählt, ist oft still und kaum hör- und wahrnehmbar. Wenn wir uns an die verschiedenen Lebensphasen spürend, wahrnehmend, experimentierend herantasten, kommen wir wieder in Kon-takt mit uns prägenden Beziehungserfahrungen. Das innen Gespürte findet einen Ausdruck in Bewegung, in einem ge-malten Bild, in einem Ton, in Worten. Die Resonanz darauf wird zu einem Eindruck, der mich berührt und mich bewegt und zu neuen Impulsen führt. Der eigene Lebensweg wird energievoll wahrgenommen und wiederangeeignet. Derart findet eine Stärkung des eigenen Hintergrunds statt, der meine zukünftigen Wege unterstützt.

Nicht nur finden Klienten Unterstützung für ihre Entwick-lung in meiner Arbeit, auch ich erhalte durch die Begegnung mit ihnen wichtige Impulse, die meine Arbeit prägen und mich als Therapeutin formen. So gilt mein Dank nicht nur meinen Lehrern und Kollegen, sondern auch den Klienten, die sich vertrauensvoll an mich gewendet haben und die ich begleiten durfte. Sie alle haben meinen Weg als Therapeutin geprägt und mich auf diesem Weg bestärkt.

KONTAKT IST DIE ERSTE WIRKLICHKEIT
DES MENSCHEN

»Wenn du mich rufst, unhörbar, mit der Seele: | Ich spür'
es über alle Meere!«[50] — Kontakt findet an der Grenze zur
Umwelt statt, da wo mich eine Hand berührt, wo ein Wort
mich erreicht, wo Blicke sich treffen, die kalte Luft in meine
Nase strömt, wo ich in den Apfel beiße, etc. Die Gestalttherapie arbeitet daran, sich jener Kontaktgrenze *gewahr zu
werden.* Für den lebendigen Austausch mit den anderen
Menschen und der Welt ist das Gewahrsein *meiner* Grenze
von großer Bedeutung. Je klarer ich spüre, was ich an *meiner*
Grenze annehmen und was ablehnen möchte, umso besser
bin ich in der Lage, für meine körperliche und seelische
Gesundheit zu sorgen. In der Gestalttherapie arbeiten wir
»ganzheitlich«, das heißt, der ganze Mensch ist im Focus,
nicht bloß seine »Störungen«. Diese Haltung aktiviert die
dem Organismus innewohnenden Selbstheilungskräfte. Der
Therapeut ist ein Begleiter, der den Klienten unterstützt,
seine Probleme wieder selbst zu lösen und sein Leben sinnvoll zu gestalten.
Im Zentrum ihrer Aufmerksamkeit hat die Gestalttherapie
Kontaktprozesse: »Kontakt ist die erste Wirklichkeit des
Menschen«,[51] lesen wir in dem Grundlagenwerk, das in den

50 Yvan und Claire Goll, *Traumkraut: Die Antirose*, Frankfurt/M. 1990,
»Funkspruch« (1920), S. 79.
51 »An der Grenze zwischen dem Organismus und seiner Umwelt passiert
Erfahrung, vor allem an der Oberfläche der Haut und an den weiteren
Organen der Wahrnehmung und der Bewegung. Funktion dieser Grenze ist
Erfahrung und psychologisch gesehen fungiert die ›Ganzheit‹ der an der
Grenze erfahrenen Gestalten als Wirklichkeit: ein Sinn wird gemacht, eine
Handlung abgeschlossen. Die ganzheitlichen Erfahrungen schließen nicht
›alles‹ ein, sondern bilden fest umrissene, vereinheitlichte Strukturen; und

1950er Jahren von Fritz Perls,[52] sowie Paul Goodman[53] und Ralph Hefferline[54] verfasst wurde. Ihre wichtigsten theoreti-

psychologisch gesehen ist alles andere, sogar die Vorstellung, es gäbe einen >Organismus< oder eine >Umwelt<, eine Abstraktion, ein geeignetes Konstrukt oder der in dieser Erfahrung auftauchende Keim, der auf eine andere Erfahrung hindeutet. Wir sprechen vom Organismus, der zur Umwelt Kontakt aufnehme, der Kontakt aber ist die einfachste und erste Wirklichkeit. Das kann man sofort fühlen, wenn man, statt bloß die Gegenstände anzuschauen, die Tatsache ins Gewahrsein nimmt, dass sie sich als Gegenstände im ovalen Blickfeld befinden, und wenn man spürt, wie dieses Blickoval sozusagen von den Augen ausgeht — tatsächlich ist es das Sehen der Augen. Dann bemerkt man, wie die Objekte in diesem ovalen Feld anfangen, räumlich und farblich in ästhetische Beziehungen zueinander zu treten. Genauso erfährt man von >draußen< kommende Töne: Ihre Wirklichkeit wurzelt in der Kontaktgrenze und an jener Grenze werden sie in vereinheitlichten Strukturen erfahren.« Perls, Hefferline, Goodman, *Gestalttherapie* (1951), zit. n. Stefan Blankertz, *Gestalttherapie-Essentials*, Wuppertal 2012, S. 11. — Die folgenden Anmerkungen sind dem »*Lexikon der Gestalttherapie*« von Erhard Doubrawa und Stefan Blankertz (Wuppertal 2005) entlehnt.
52 Fritz (Friedrich, Frederick) Perls. Geboren 1893 in Berlin, gestorben 1970 in Chicago. Arzt (im Ersten Weltkrieg diente er als Feldarzt), Psychoanalytiker. Ab 1926 war er Assistent des Gestaltpsychologen und Pioniers der Gehirnforschung Kurt Goldstein; sie waren konfrontiert u. a. mit Patienten, die an aus dem Krieg stammenden entsetzlichen Hirnverletzungen litten. Exil ab 1933: Amsterdam, Südafrika, USA. Zusammen mit seiner Frau Laura, ebenfalls eine Psychoanalytikerin mit starkem Interesse an Gestaltpsychologie, erarbeitete er eine Erweiterung der Widerstandstheorie Freuds, die er die »oralen Widerstände« (»Beißhemmung«) nannte: Es ging um den Widerstand, sich durch Zubeißen zu nähren — sowohl im wörtlichen als auch im übertragenen Sinne. In den USA versammelten Fritz und Laura eine Gruppe von gestalttheoretisch orientierten Personen um sich. In den Diskussionen ergab sich eine so große Entfernung von der Psychoanalyse, dass eine neue Form der Psychotherapie aus der Taufe gehoben wurde. 1951 erschien das Grundlagenwerk »*Gestalt Therapy*« mit einem praktischen, von Ralf Hefferline verfassten, Teil und einem theoretischen Teil, der im Wesentlichen von Paul Goodman geschrieben wurde. Fritz stand jedoch an erster Stelle der Autoren. Laura mochte aus eigenem Bekunden nicht als Autorin genannt werden, obgleich sie einen wichtigen Anteil an der Theorieentwicklung hatte. In der Subkultur der 1960er Jahre fand Fritz den idealen Nährboden für seine spontane Arbeitsweise. Der Begriff Selbstregulierung und der Nachdruck auf »seine Sache selbst in die Hand nehmen« passten zur Haltung des Protests.
53 Paul Goodman (1911-1972), psychoanalytisch interessierter Literat und Anti-Kriegs-Aktivist. 1947 traf er Laura und Fritz Perls. Die beiden hatten Goodmans psychologisch-politischen Essays im südafrikanischen Exil gelesen und beschlossen, ihn an ihrem Projekt der Gründung einer

schen Bezüge dafür waren die Psychoanalyse[55] und die Gestaltpsychologie.[56] Die Gestalttherapie entwickelte sich aus

neuen psychotherapeutischen Richtung zu beteiligen. Goodman schrieb an dem Buch »Gestalt Therapy« (1951). In der Folgezeit war Goodman psychotherapeutisch tätig, aber mit dem Beginn der Protestbewegung engagierte er sich stärker bei Aktionen gegen den Vietnamkrieg sowie gegen die zunehmende Bürokratisierung und Verstaatlichung des Lebens.

54 Ralph Hefferline (1910-1974), Psychologe an der Columbia University, maßgeblich für den ersten, experimentellen Teil des Buches »Gestalt Therapy« (Perls, Hefferline, Goodman 1951) verantwortlich. Hefferline war ein experimenteller Psychologe, der unmittelbar an den Behaviorismus von B. F. Skinner und seinen Schülern anschloss, aber auch Interesse für die Psychoanalyse (F. M. Alexander, Wilhelm Reich) hatte. Er stieß als Klient von Fritz Perls zu der ursprünglichen Gestalt-Gruppe. Zu einer weiteren Zusammenarbeit mit Fritz Perls oder Paul Goodman kam es nach dem Verfassen des Buches »Gestalt Therapy« nicht. Hefferline bezog sich zwar auch später positiv auf das Buch, bezeichnete sich allerdings nicht als zur Gruppe der Gestalttherapeuten gehörig. Eine gibt keine schriftlich niedergelegte inhaltliche Beschäftigung mit der Spannung zwischen der Psychoanalyse, der Gestaltpsychologie und dem Behaviorismus.

55 Psychoanalyse. Das ursprünglich auf Sigmund Freud (1856-1939) zurückgehende Verfahren zur Behandlung psychischer Probleme, das der Ausgangspunkt fast aller Psychotherapien ist (mit Ausnahme der Verhaltenstherapie, die auf dem Behaviorismus basiert). Freud entdeckte, dass psychische Probleme durch die dauerhafte Verdrängung von (vor allem sexuellen, »libidinösen«) Bedürfnissen entstehen. Aus dieser Verdrängung ergebe sich das Unbewusste oder »Es«. Ihm gegenüber steht die Instanz der Verdrängung, das »Über-Ich«. Das Verdrängte werde aufgestaut (»sublimiert«). Es »entsublimiere« sich, kehre zurück, z. B. in Träumen, Phobien, Ängsten, Zwangsneurosen, ebenso wie in den grandiosen Kulturleistungen. Heilung geschehe durch das Aufarbeiten der Geschichte der Verdrängung (»Psycho-Analyse«). Auf der einen Seite stießen diese Vorstellungen in einer gesellschaftlichen Situation auf heftigen Widerspruch, in der alle psychischen Probleme als durch »Willen«, »Charakter« und »Tugend« lösbar angesehen wurden, in der Unterdrückung der Sexualität als höchste Leistung der Zivilisation galt, in der man Kinder als a-sexuelle »unschuldige« Wesen definierte und in der die Unterwerfung unter den als »Vater« angesehenen Staat erste Pflicht war. Auf der anderen Seite trat die Psychoanalyse einen unvergleichlichen Siegeszug an, weil die Welt aus den Fugen geriet mit Kriegen, gnadenlosen Grausamkeiten und einer krankmachenden Konformität, wurde aber im Verlauf dieses Siegeszugs völlig in die Maschinerie des herrschenden Gesundheitsbetriebs integriert.

56 Die Gestaltpsychologie, Gestalttheorie, Ganzheits-, Denk- oder Strukturpsychologie wurde zu Beginn des 20. Jahrhunderts von Max Wertheimer (1880-1943) begründet. Im Gegensatz zur damals vorherrschenden Assoziationspsychologie widmete sich die Gestaltpsychologie der Erforschung,

der Psychoanalyse und erhielt ihren Namen von der Gestaltpsychologie. Diese beschäftigt sich damit, wie die Wirklichkeit durch unsere Wahrnehmung »hergestellt« wird. Was
wahrgenommen wird, habe mit dem Betrachter zu tun. Die
Gestaltpsychologie entdeckte, dass Menschen ihre Wahrnehmung so organisieren, dass sie ein sinnvolles Ganzes
ergeben. An diese Erkenntnis knüpfte die Gestalttherapie
an, indem sie auf der einen Seite die Wahrnehmung für das
Gegenwärtige schult und sich auf der anderen Seite dem
zuwendet, was *unerledigt* geblieben ist.[57] Die »unerledigten
Gestalten« kehren in unserem Leben immer wieder als
»Störungen«, bis sie erledigt werden, das heißt, zu einem
für das Individuum sinnvollen Abschluss gelangen.

Nach dem Verständnis der Gestalttherapie ist in der Gegenwart, *hier und jetzt*, Vergangenheit und Zukunft präsent. Er-
innern ist eine gegenwärtige Tätigkeit. Wenn wir uns an ver-
gangene Erfahrungen annähern, tauchen in diesem Moment

wie der Mensch »Figuren«, »Ganzheiten«, »Felder« und »Sinneinhei-
ten« wahrnimmt. Die Grundannahme lautete, dass der Wahrnehmungs-
apparat nicht mechanisch die Objekte der Umgebung abbildet und dem Ge-
hirn zur Begutachtung vorlegt, sondern bereits strukturiert. Punkte, die auf
einer imaginären Kreislinie angeordnet werden, stellen ein einfaches Beispiel dar: Das Auge nimmt sie, sofern sie in einer hinreichenden Dichte vor-
liegen, als Kreis wahr. Die Gestaltpsychologen befassten sich mit den be-
schrieben Wahrnehmungsvorgängen demnach als ganzheitlichen Prozess:
Aus dem Hintergrund all dessen, was wahrgenommen (ertastet, gesehen, gehört, geschmeckt, gerochen) werden kann, werden sinnvolle Einheiten —
»gute bzw. prägnante Gestalten« — gebildet, die sich aus den Interessen
und aus dem Vorwissen des Wahrnehmenden ergeben. Die Begründer der
Gestalttherapie machten sich diese Erkenntnisse zunutze und sie fragten,
welche psychischen Mechanismen dazu führen, dass Menschen keine präg-
nanten Gestalten bilden und wie therapeutische Interventionen aussehen
müssen, um zu einer guten Gestaltbildung zurückzufinden.

57 »Es ist eine Grundtendenz des Organismus, jede ihm unerledigt schei-
nende Angelegenheit zu vollenden.« Perls, Hefferline, Goodman, *Gestalttherapie: Praxis* (1951), München 1991, S. 97. [Hinweis: *Gestalt Therapy*
erscheint in der deutschen Übersetzung als zwei Bände: Der erste Band
mit den Experimenten von Ralph Hefferline trägt den Untertitel »*Wiederherstellung des Selbst*« (Stuttgart 1979, in neuer Übersetzung 2007) oder

innere Bilder, Gefühle und Körperreaktionen auf. Da die Erinnerung im »Hier und Jetzt« lebendig ist, kann sie unter Einbeziehung aktueller Erfahrungen bearbeitet werden, können »offene Gestalten« geschlossen werden. Auch die Zukunft ist in der Gegenwart spürbar: Als Perspektive im Leben, als Streben nach etwas, jedoch ebenso als Hoffnungslosigkeit und vieles mehr. Die Zukunft ist in der Gegenwart präsent und ebenfalls Teil der therapeutischen Arbeit.[58]
Die Gestalttherapie arbeitet im Hier und Jetzt. Das heißt, wir gehen davon aus, dass die Probleme, welcher Natur sie auch sein mögen, sich in der Gegenwart, im Hier und Jetzt, zeigen und ebenso das Lösungs- bzw. Heilungspotenzial. Durch eine geschulte wache Wahrnehmung und durch die Konzentration auf das, was gerade jetzt in dieser Situation in uns auftaucht — als Gefühl, als Gedanke, als Erinnerung, als Körperempfindung, als Impuls —, treten wir in Kontakt mit unserer erfahrbaren Realität. Die Erkenntnisse, die da-

»Praxis« (München 1991, Übersetzung von 1979), der zweite »Lebensfreude und Persönlichkeitsentwicklung« (Stuttgart 1979, in neuer Übersetzung 2006) oder »Grundlagen« (München 1991, Übersetzung von 1979).]
»[Der] Neurotiker [hat die Tendenz], viele Situationen unabgeschlossen zu lassen. Wenn er lernt, auf die Sprache des Organismus von Figur und Hintergrund zu horchen und diesem verlässlichen Orientierungsmittel entsprechend zu handeln, das heißt, die unabgeschlossene Situation zu vervollständigen, dann wird er in der Lage sein, die Balance seiner Persönlichkeit wieder herzustellen und den Weg zu einer produktiven Entwicklung zu bahnen. [...] Ein unerledigtes Geschäft ist die gestalttherapeutische Entsprechung zu der unvollendeten kognitiven oder Wahrnehmungsaufgabe in der Gestaltpsychologie.« Fritz Perls, Gestalt, Wachstum, Integration: Aufsätze, Vorträge, Therapiesitzungen, hg. v. H. Petzold, Paderborn 1980, S. 44f und 199. (Der erste Teil des Zitats ist von 1948, der zweite von 1969.)
58 »Existenz ist Gegenwärtigkeit. [...] Für mich umschließt die Gegenwart eine Kindheitserfahrung, wenn sie jetzt deutlich erinnert wird; sie umschließt einen Lärm auf der Straße, ein Jucken auf der Backe, die Konzepte von Freud und die Gedichte von Rilke sowie Millionen weiterer Erfahrungen, wann und in welchem Maße sie auch immer in meine Existenz treten, meine Existenz in diesem Moment.« Fritz Perls, Integration der Persönlichkeit (1948), in: ders., Gestalt-Wachstum-Integration, hg. v. Hilarion Petzold, Paderborn 1980, S. 39.

raus gewonnen werden, sind nicht rein kognitiv, sondern schließen Fühlen (Gefühle) und Spüren (Körper) ein und sind so eine lebendige Erfahrung von uns selbst.

Dem Kontaktprozess eine besondere Aufmerksamkeit zu schenken, spiegelt sich in der therapeutischen Beziehung wieder, in der Resonanz des Gestalttherapeuten, seiner Zugewandtheit und Authentizität. Er ist ein wirkliches Gegenüber als der Mensch, der er ist.

Gemeinsam mit dem Klienten untersuchen wir dessen Erfahrungen mit anderen Menschen und versuchen herauszufinden, wie Störungen in der Beziehung zu seiner Umwelt sein Leben beeinflussen und beeinträchtigen. Indem wir die Wahrnehmung sich selbst und anderen gegenüber schärfen, machen wir Blockaden wieder als äußere und innere Konflikte spürbar. In einem dialogischen Gespräch bearbeiten wir dann mit dem Klienten diese Konflikte. Neben dem Gespräch ermutigen wir zum Ausprobieren und Experimentieren und bieten verschiedene Übungen an. Das Ergebnis kann eine wirkliche Entdeckung, etwas Neues, den eigenen Horizont Erweiterndes sein. Wenn der Klient die eigenen Bedürfnisse und Wünsche spüren und wahrnehmen kann, ist der Kontakt zu sich selbst wieder hergestellt. Das ist entscheidend für die innere Orientierung. Die äußere Orientierung finden wir in der Hinwendung zur Umwelt. An der Kontakt-Grenze, dort wo der Mensch aus der Umwelt etwas aufnimmt oder abwehrt, findet seelisches Wachstum oder die Selbst-Werdung eines Menschen statt. Dass dieses Neue entstehen kann, daran sind beide beteiligt, der Klient und der Therapeut.

Betrachtet werden der Kontakt zu sich selbst und der Kontakt zur Umwelt; das schließt auch den zu anderen Menschen ein. In beide Richtungen wird die Wahrnehmung geschult. Warum ist dies so wesentlich? Wir gehen davon aus, dass für die Befriedigung der eigenen Bedürfnisse — seien es Grundbedürfnisse wie Essen und Schlafen oder Bedürfnisse nach Zuneigung, Anerkennung, Sicherheit — sowohl eine ausreichende Eigenwahrnehmung (was brauche ich?) als auch Wahrnehmung der Umgebung (wo und von wem bekomme ich, was ich brauche?, oder was weise ich besser zurück?) ausgebildet sein müssen. Durch das Zu-mir-Nehmen, was ich brauche, und das Abwehren, was mir schadet, erfolgen mein seelisches Wachstum und meine Gesunderhaltung.

Dieser Prozess, den wir »Kontaktprozess« nennen, ist ein fortwährend ablaufendes Geschehen, welches uns erst dann zu Bewusstsein kommt, wenn wir merken: Mit uns stimmt etwas nicht. Ob Dauererschöpfung oder wiederkehrende Konflikte mit anderen Menschen, was auch immer uns zum Problem wird, es handelt sich um Störungen im Kontaktprozess und genau der wird durch den Gestalt-Ansatz untersucht.

In der Gestalttherapie untersuchen wir, an welcher Stelle des Kontaktprozesses »Unterbrechungen« stattfinden, sodass es zu seelischen oder sozialen Problemen kommt und unterstützen Klienten darin, sich spürend und ausprobierend an neue Möglichkeiten des Handelns heranzutasten. Auf diese Weise lassen sich eingeübte und erstarrte Verhaltensmuster überwinden. Wir sprechen von »kreativer Anpassung«, wenn der Einzelne entsprechend den eigenen Bedürfnissen, Wünschen und Fähigkeiten auf seine jeweiligen Umweltbedingungen einwirkt, sodass die Anpassung im Idealfall gegenseitig ist.

Schematisch will ich den Ablauf eines gelungenen Kontaktprozesses kurz skizzieren: Nehmen wir an, Sie gehen am Morgen zur Arbeit und merken bereits auf dem Weg, dass Sie innerlich unruhig werden. Erst können Sie diese Unruhe nicht zuordnen; da Sie aber genauer hinspüren anstatt diese Unruhe zu unterdrücken, merken Sie, dass Sie noch ärgerlich sind wegen eines Gesprächs mit einem Kollegen. Sie könnten versuchen, das zu ignorieren, aber Sie bemerken, dass der Ärger stärker wird und Sie bemerken auch eine gewisse Angst vor der Schlagfertigkeit dieses Kollegen. Sie beschließen, noch mal das Gespräch zu suchen und dem Kollegen mitzuteilen, was Sie geärgert und auch verletzt hat. Bei diesen Gedanken spüren Sie, wie Ihre Aufregung steigt, je näher Sie dem Arbeitsplatz kommen. Mit klopfendem Herzen nehmen Sie Ihren ganzen Mut zusammen und Sie sprechen den Kollegen an, bitten ihn um ein Gespräch unter vier Augen. Sie spüren, dass Sie noch aufgeregter werden, doch Sie sind sehr klar und entschlossen. Sie machen dem Kollegen deutlich, was Sie geärgert hat und was Sie nicht mehr möchten. Der Kollege ist überrascht, aber die Deutlichkeit Ihrer Worte und Ihres Auftretens lässt keine Zweifel, dass es Ihnen ernst ist. So entschuldigt sich der Kollege bei Ihnen. Ihre Aufregung fällt ab, Sie sind erleichtert und zufrieden. Trotz der vielen Arbeit verbringen Sie den Tag gut gelaunt und kraftvoll.

Die in diesem Beispiel mobilisierte Energie (Aggression)[59] ist produktiv und führt zu angemessenem Handeln. Die Konfrontation mit dem Kollegen bewirkt eine gegenseitige Anpassung. Für beide entsteht eine veränderte Situation. Der Eine erlebt die eigene Wirksamkeit, der Andere merkt, dass er über dessen Grenze gegangen war und passt sich dem Kollegen an, indem er diese Grenze nun respektiert.

»Wie es nicht war und doch immer bleiben | wird…«[60] —
In der Gestalttherapie sprechen wir dann von einer »offenen Gestalt«, wenn ein Kontaktprozess nicht zu einem befriedigenden Abschluss gekommen und etwas »offen« geblieben

---

59 Auf den spezifisch gestalttherapeutischen Aggressionsbegriff komme ich noch zurück.
60 Marina Zwetajewa, *Neujahrsbrief* (1927), Wien 2007, S. 89. Übersetzt von Hendrik Jackson.

ist. Das Offenbleiben spüren wir als etwas Unbefriedigendes, reagieren mit schlechter Laune, mit Müdigkeit, mit Verweigerung, mit Kopfschmerzen, u. a. m. Die eben erwähnte Situation hätte auch anders verlaufen können: Angenommen, Sie hätten Ihre Verärgerung und Kränkung nicht ausreichend wahrnehmen können und Sie hätten sich selbst nicht ernst genommen, also auch den Mut nicht aufgebracht, um sich mit Ihrem Kollegen zu konfrontieren. Etwas wäre offen geblieben, da Sie offensichtlich nicht ausreichend Sie selbst unterstützende Mechanismen zur Verfügung gehabt hätten, um Ihrem Bedürfnis, sich vor dem kränkenden Umgang des Kollegen zu schützen, Ausdruck zu verleihen. Zurück bliebe vermutlich ein Gefühl der Schwäche, des unterschwelligen Grolls, eine innere Anspannung etc.

Eine »offene Gestalt« zu schließen, hieße dann für Sie, dass Sie wieder in Kontakt kommen müssten mit dem unangenehmen Gefühl gegenüber Ihrem Kollegen, dem Ärger, der Angst — jenen Gefühlen, die Sie unterdrückt hatten. In der therapeutischen Arbeit würde ich Sie unterstützen, eine angemessene Form des Ausdrucks für Ihre Kränkung zu finden. Ich würde mit Ihnen vielleicht eine »Stuhlarbeit« machen. Dies ist eine Art Rollenspiel, in welchem Sie mit einem fiktiven Gegenüber (z. B. dem Kollegen) in einen Dialog treten. Diese Arbeitsmethode unterstützt den Kontakt mit den Gefühlen und der eigenen Ausdruckskraft und hilft, die offengebliebene Erfahrung abzuschließen. Auf diese Art können Sie erkennen, was Sie in den Kollegen eventuell hineinprojiziert haben. Sie entwickeln Verständnis auch für seine Sicht und können daraufhin in anderer Weise mit ihm in Kontakt treten.

Möglicherweise könnten Sie nachträglich einen Weg finden, mit dem Kollegen zu sprechen. Oft liegen solch unerledigte Ereignisse weiter zurück und zu den Menschen, die es betrifft, besteht kein aktueller Kontakt mehr. Indem in einem geschützten Rahmen ausgesprochen werden kann, was sich nie sagen ließ, und es Anteilnahme von einem zugewandten Therapeuten gibt, ist es möglich, dass »offene Gestalten« zu einem Abschluss kommen. Dies wird als Erleichterung erlebt und als Stärkung des Selbst.[61]

Welche Form der Unterstützung ist hilfreich? Nicht immer gelingt es uns so gut, derart klar und entschlossen einen Konflikt zu lösen oder eine schwierige Situation zu meistern. Bei genauer Betrachtung von Konfliktsituationen kann deutlich werden, dass Ängste, Hemmungen, Mangel an Gewahrsein oder ein negatives Selbstbild (»immer mache ich alles falsch«) uns hindern, gut für uns zu sorgen.

Ohne ausreichende Unterstützung *(support)* ist Veränderung oft schwierig.[62] Wir gehen davon aus, dass die Hemmungen und Störungen im Kontakt, die uns Probleme in der Gegen-

---

61 Der Begriff »Selbst« hat in der Gestalttherapie eine etwas andere Bedeutung als der Begriff »Ich« in der Philosophie und der Begriff »Ich« bzw. »Ego« in der Psychoanalyse, obwohl diese beiden Begriffe auch im »Selbst« enthalten sind. Unter »Selbst« versteht die Gestalttherapie das Bewusstsein vom Kontakt zwischen einem Organismus und dessen Umwelt. Dieses Bewusstsein wird dann »aktiviert«, wenn der Kontakt schwierig ist.

62 Die Gestalttherapie geht davon aus, dass das »Symptom«, die »Krankheit«, die »Neurose« eine kreative Antwort des Klienten auf sein Problem darstellt. Ihm in dieser, also in einer unveränderten Situation sein Symptom, seine Krankheit oder seine Neurose »wegzutherapieren« würde, selbst wenn es gelingen sollte, so wirken, als würde man einem Gehbehinderten die Krücken abnehmen. Es ist, als würde der Therapeut den Klienten »in der Luft hängen lassen«. Aus dieser Überlegung folgt, dass Veränderungen nur insoweit angestrebt werden, wie der Klient Boden unter den Füßen wiedergewonnen hat, also in der Lage ist, sich zu unterstützen. Dieses Konzept ist besonders von Laura Perls verfochten worden. Bei der Unterstützung wird zwischen Selbst- und Fremdunterstützung unterschieden. Die Selbstunterstützung ist begrifflich mit Selbstbestimmung und Autonomie gleichzusetzen. Fremdunterstützung ist diejenige, die jemand bekommt oder fordert, der sich noch nicht genügend selbst unterstützen kann. Therapie ist immer eine Fremdunterstützung. Das Ziel besteht (nach Laura Perls) darin, den Klienten so weit wie möglich zur Selbstunterstützung befähigen zu helfen. Nach Erving Polster gehört es zur Selbstunterstützung, wenn nötig auch Fremdunterstützung annehmen zu können.

wart bereiten, zu einem früheren Zeitpunkt *alle* sinnvoll gewesen sein mögen. *Das gilt es zu würdigen.*

Eine Erfahrung von mangelnder Unterstützung könnte sich in dem Beispiel etwa folgendermaßen auswirken: Stellen wir uns vor, ein Mensch habe in seinem früheren Leben immer wieder die Erfahrung gemacht, dass seine Bedürfnisse nicht wirklich » für voll « genommen wurden. Er hat vielleicht gut gelernt, sich anzupassen und zu funktionieren. Wie würde dieser Mensch in dem oben beschriebenen Beispiel handeln? Möglicherweise würde er auch die Unruhe und den Ärger spüren, er würde jedoch beides versuchen zu unterdrücken, würde sich vielleicht sagen, das sei nicht so wichtig oder er würde das Gefühl haben ohnedies keine Chance zu haben, etwas zu verändern. Langfristig würde dies zu Bedrücktheit oder Erschöpfung führen, eventuell bis zum Burn-out, wenn dies sein Muster bliebe, mit seinen Bedürfnissen und Konflikten umzugehen.

Die Gestalttherapie wurde von dem deutschen Analytiker-
ehepaar Laura[63] und Fritz Perls und dem amerikanischen

63 Laura Perls (1905-1990). In einem Kolloquium, das die Gestaltpsychologen Kurt Goldstein und Adhemar Gelb gemeinsam abhielten, lernte sie
1926 Fritz Perls kennen. Sie folgte ihm auf seinen verschlungenen Lebens-
pfaden, hielt sich jedoch stets im Hintergrund. Allerdings ist ihr Einfluss
auf die Theorieentwicklung zunächst von Fritz und später von der gesamten Gestalttherapie enorm. Nach der Geburt ihrer Tochter Renate 1931
beschäftigte sich Laura mit dem Verhalten von Säuglingen beim Stillen.
Psychoanalytiker sprachen hier von »oral-sadistischen Impulsen«. Laura
(und Fritz) versuchten, dieses Verhalten nicht (ab)wertend zu betrachten,
sondern als erste Versuche einer sich die Umwelt zum eigenen Überleben
aneignenden, natürlichen Auseinandersetzung, die sie im positiven Sinne
Aggression nannten. Anschließend wandten sie sich dem Übergang vom
Saugen zum Kauen zu. Dieser Übergang kennzeichnet eine neue Stufe der
»Aggression«, die notwendig ist. Wenn an dieser Stelle die Aggression
gehemmt wird, legt das den Grundstein für spätere Probleme des Individuums, sich der Umwelt aggressiv zu nähern. Zunächst sprachen sie von
»oralem Widerstand« (später ist, bildlicher, von »Beißhemmung« die
Rede). Mit diesen Überlegungen schuf Laura die Grundlage der späteren
gestalttherapeutischen Theorie der Aggression. In einem Vortrag 1939 for-
mulierte Laura die zentrale Gleichung der neuen Aggressionstheorie: »Die
Verdrängung der individuellen Aggression [führt] unweigerlich zu einem
Anstieg der universellen Aggression« (Vortrag über Friedenserziehung in
Johannisburg 1939, zit. n.: Laura Perls, *Leben an der Grenze*, Köln 1990,
S. 14f). Sie half Fritz im südafrikanischen Exil, das Buch »*Das Ich, der
Hunger und die Aggression*« (1944) zu schreiben. Sie bestand jedoch nicht
darauf, als Mitautorin genannt zu werden. Auch an dem Buch »*Gestalt
Therapy*« von 1951 hatte Laura einen großen, jedoch nicht ganz genau
festzustellenden Anteil. Wieder verzichtete sie darauf, als Autorin in Er-
scheinung zu treten. Allerdings wählte man sie, um ihr Anerkennung und
Respekt zu zollen, zur Präsidentin des »New York Institute for Gestalt
Therapy«, das sie in antibürokratischer und antiautoritärer Weise führte.
Laura setzte ihre im Gegensatz zu Fritz »stille« Gestaltarbeit fort. Sie betonte die Vorsicht und Zurückhaltung bei der Arbeit, wies darauf hin, dass
der Klient Unterstützung (»support«) benötige und betonte die Wichtigkeit von Theorie, Philosophie und Kunst bei der Ausbildung von Gestalttherapeuten.

Schriftsteller und politischen Aktivisten Paul Goodman entwickelt. Laura und Fritz Perls, die 1933 vor dem Nationalsozialismus über Holland nach Südafrika und dann in die USA flüchteten, gaben in ihrer Arbeit mit Klienten den »sicheren« und machtvollen Platz des Analytikers hinter der Couch zugunsten einer gleichberechtigten Begegnung mit den Klienten auf. Der psychoanalytische Ansatz erfuhr weitere Veränderungen und Ergänzungen, etwa plädierten Perls und Goodman für die Verwandlung der klinischen in eine experimentelle Situation, wo Hemmung, Widerstand, Verweigerung, etc. nicht als unerwünscht betrachtet werden. Vielmehr sollen Klienten im geschützten therapeutischen Rahmen darin unterstützt werden, sich schrittweise und ausprobierend schwierigen Gefühlen und Themen anzunähern. Die Deutungshoheit des Therapeuten wird durch eine partnerschaftliche, aktive und ausprobierende Haltung ersetzt. Ralph Hefferline, ein Behavorist,[64] entwickelte die bekannten Gestalt-Übungen, die als Anregung für das Experimentieren mit neuen Erfahrungen in die Grundlagentexte aufgenommen wurden. Mit Einführung des Figur/Grund-Konzeptes aus der Feldtheorie Kurt Lewins[65] bekommt die Arbeit mit früheren Erfahrungen eine neue Richtung.

Fritz Perls: »Unsere Geschichte ist der Hintergrund unserer Existenz; sie ist nicht eine Anhäufung von Fakten, sondern das Protokoll darüber, wie wir zu dem wurden, was wir sind.

64 Behaviorismus: Lehre von dem Verhalten, für die das Reiz-Reaktions-Schema grundlegend ist. Erforscht wird, wie ein Reiz (oder Stimulus) eine Reaktion (oder einen »Reflex«, einen »Response«) hervorruft. — Einer der bekanntesten Vertreter des Behaviorismus war Burrhus Frederic (B.F.) Skinner (1904-1990).
65 Kurt Lewin (1890-1947), Gestaltpsychologe, der mit der von ihm begründeten »Feldtheorie« einen großen Einfluss auf die Entwicklung der Sozialwissenschaften ausübte. In gestaltpsychologischer Sicht werden bei der Wahrnehmung bestimmte Elemente aus einer amorphen Masse von möglichem Wahrnehmbaren zu einem Sinn zusammengefügt. So ist z.B. eine Melodie, die jemand hört, der sich nicht in einem ansonsten vollkom-

Nur wenn die Störungen im Hintergrund, die dem Support
unseres gegenwärtigen Lebens entgegenwirken, in den Vordergrund treten, damit sie behandelt werden können, ist es
möglich, dass sie sich von Defiziten — unvollständigen Gestalten — zu Funktionen des Support verwandeln.«[66]

men geräuschlosen Raum befindet, immer schon die Auswahl der Töne,
die zu der Melodie gehören, während die übrigen hörbaren Geräusche ausgeblendet werden. Dieser Prozess ist »Gestaltbildung« oder »Gestaltwer-
dung« genannt worden oder, beschreibender, der Figur/Grund-Prozess
(bzw. Figur/Grund-Formation): Von einem (Hinter-)Grund (oder, wie
Edmund Husserl sagte, »Horizont«) wird eine Figur abgehoben. Die Figur
wird »prägnant«. Lewin hat diese Sichtweise über die Analyse von Wahr-
nehmungsprozessen auch auf das Handeln bezogen.
66 Fritz Perls, *Grundlagen der Gestalt-Therapie: Einführung und Sitzungs-
protokolle*, Stuttgart 2007 (12. Auflage), S. 76. Das Zitat stammt aus dem
Jahr 1969.

»Reiner Missklang — er dröhnt in den Ohren, | durch-fährt mich als stechender Schmerz.«[67] — Ebenso nicht wegzudenken aus der Gestalttherapie ist die Auseinander-setzung mit Gesellschaft, das heißt mit dem sozialen Umfeld des Individuums. Wir bewegen uns in einem Spannungsfeld zwischen Anpassung an gesellschaftliche Normen, Werte, Regeln und dem Widerstand dagegen, wenn sie unseren per-sönlichen Interessen und Vorstellungen entgegenstehen. In dieser Auseinandersetzung kommt Aggression ins Spiel. Mit der Entwicklung der Aggressionstheorie hat die Gestalt-therapie einen positiven Aggressionsbegriff geprägt. Erst die Unterdrückung von Aggression führt demnach zu schäd-lichem Verhalten, das repressive, kriegerische oder ziellose, ungerichtete, negative Aggression ist.

Für den gesamten Kontaktprozess ist Energie nötig. Wir sprechen hier von Aggression. Aggression im Sinne einer ak-tiven Auseinandersetzung mit anderen Menschen und der Umwelt zur Erreichung einer befriedigenden Situation. Ag-gression wird erst dann destruktiv, wenn die mobilisierte Energie nicht zu einem für das Individuum sinnvollen Ziel, eingesetzt wird. Das kann dann zu Selbst- oder gar Fremd-beschädigung führen.

Gewöhnlich identifizieren wir uns mit jenen Aspekten von uns selbst, die häufig positiv oder negativ bestätig wurden. Erfährt ein Kind in seinem Aufwachsen chronische Ableh-nung durch Zurückweisung seiner kindlichen Bedürfnis-

67 Marina Zwetajewa, *Liebesgedichte*, Frankfurt/M. 2008, »Endgedicht« (1924, Übersetzung Felix Philipp Ingold), S. 69.

äußerungen, so wird es seine Aggression zunehmend in den Dienst der Anpassung an diese Umweltbedingungen stellen, um weitere Ablehnung oder Bestrafung zu vermeiden. Dies ist für das Kind (unter den gegebenen Bedingungen) eine sinnvolle Reaktion. Es richtet die Aggression nun gegen die eigenen Bedürfnisse und Impulse, also gegen sich selbst, und versucht auf diese Weise, weitere Frustration zu vermeiden. Wird dieses Verhalten habituell, dann ist es einer bewussten Entscheidung nicht mehr zugänglich. Die Folge ist oft ein Nicht-spüren-Können, eine innere Taubheit, chronische Muskelanspannung, Lähmung des Antriebs etc. Lebendige spontane Äußerungen werden mehr und mehr vermieden. Eine starke Selbstkontrolle führt dazu, dass Bedürfnisse und Impulse nicht in das Gewahrsein gelangen und ausgedrückt werden. Auf diese Weise sorgt der Organismus dafür, dass er keinen Anlass für Zurückweisung mehr gibt. Das sich selbst kontrollierende Individuum verhindert auf diese Weise, dass die alten Ängste geweckt werden. Gleichzeitig geht jede Lebendigkeit verloren.

Wir verwenden eine Menge Energie in die Verdrängung von Bedürfnissen und Wünschen. Wenn Impulse nicht nach draußen dürfen, müssen sie auf sich selbst zurückgeworfen, *retroflektiert* werden. Liebe und Anerkennung stehen auf dem Spiel, Befürchtungen, den Lebenspartner oder den Job zu verlieren. Ein guter Teil unseres Selbst bleibt unerkannt, vor uns selbst verborgen. Nicht selten werden ungeliebte Selbst-Anteile auf Andere projiziert und an Anderen be-kämpft, wie sie früher an einem selbst bekämpft wurden.

»Ich zog mich zurück | und nannte sie Ungeheuer.«[68] —
Etwa berichtet eine Klientin, dass es sie ungeheuer aufregt,
wenn sich junge Leute im Bus laut und fröhlich unterhalten
würden. Sie findet das Verhalten rücksichtslos und aggressiv.
Sie würde regelrecht Hass empfinden. Beim darüber Nach-
denken wird ihr klar, dass diese jungen Leute nichts wirklich
»Schlimmes« machen, sie sind einfach laut und fröhlich.
Aber diese Überlegungen würden ihr nicht helfen, weniger
Hass zu empfinden. Beim Erzählen ist sie zunehmend über
sich selbst erschüttert und beginnt sich abzuwerten, gleichzeitig ist sie verwirrt. Ich stimmte weder in die Verurteilung
dieser jungen Menschen noch in ihre Selbstverurteilung ein,
sondern nahm ernst, dass sie über die Heftigkeit ihrer
emotionalen Reaktion erschüttert war und bot ihr an, diese
Situation mit den dazu gehörenden Gefühlen genauer zu
untersuchen.
Deutlich wurde nun, dass sie während ihrer Kindheit und
Jugend in ihrem lebendigen emotionalen Ausdruck stark
eingeschränkt worden war. Sie wuchs in der DDR auf, hat
das erste Lebensjahr im Kinderheim verbracht und war nur
an Wochenenden zu Hause, später verbrachte sie viel Zeit
in der Tageskrippe. Die Eltern hatten für dieses Kind keine
Zeit, es störte. Als die Eltern sich trennten, war sie noch im
Kindergartenalter. Jetzt war sie ihrer ohnehin überforderten
Mutter noch stärker ausgeliefert. Das Interesse ihrer Eltern
bestand darin, nicht aufzufallen, sondern für »politisch kor-
rekte Persönlichkeiten des öffentlichen Lebens« gehalten
zu werden. Von den Nachbarn wurde die häusliche Gewalt
gegenüber dem Kind anscheinend nicht wahrgenommen.
Während ihrer Schulzeit flüchtete sie sich abends oft zum
Vater, der sie zwar aufnahm, aber gegenüber der Mutter
nicht in Schutz nahm, sondern sie am folgenden Tag erneut

68 Erich Fried, *Gedichte* (hg. Klaus Wagenbach), München 2007, »In der
Fremde« (1977), S. 52.

111

zur Schule schickte, von wo aus sie dann wieder zu ihrer Mutter musste. Auch die Schule merkte offenbar nichts. Niemand sollte merken, dass hier eine emotional überforderte Mutter körperliche und psychische Gewalt gegen ihr Kind ausübte. Dies hätte die berufliche Laufbahn der Eltern gefährden können.

In unserer Arbeit erlebte die Klientin, dass ich ihre heftige emotionale Reaktion nicht verurteilte, sie vielmehr darin unterstützte, diese starken Gefühle auszuhalten und ihnen auf den Grund zu gehen.

So kam sie wieder in Kontakt mit ihren tiefen Gefühlen von Schmerz und Wut über die erlittene Missachtung und die in ihrer Kindheit erfahrene Gewalt. Sie hatte in ihrer Kindheit und Jugend gelernt, ihre lebendigen Impulse zu unterdrücken, um nicht weitere Schwierigkeiten zu bekommen. Das wurde zu ihrer Überlebensstrategie. So machte sie sich im Laufe der Zeit zu ihrem eigenen Unterdrücker. In der Folge entwickelte sie eine schwere Depression, die ihr Leben über viele Jahre einschränkte.

»Ein Hauptgrund für die Furcht- und Schuldgefühle bei der Umkehrung von Retroflexion ist der, dass die meisten retroflektierten Antriebe[69] Aggressionen sind. [...] Solange man nicht gewahr ist, welche aggressiven Antriebe man hat und wie man sie konstruktiv einsetzt, solange werden sie mit Sicherheit missbraucht.«[70]

Wir waren in unserer Arbeit an einem Punkt angekommen, an welchem sie wirklich trauern konnte: über die verlorenen Jahrzehnte ihres Lebens. Unsere Beziehung war im Laufe der Zeit zu einem tragenden Boden für schwierige emotionale Zustände geworden. Neben der Trauer tauchte auch ihre

---

69 Retroflektion: Zurückwerfen nach außen gerichteter — negativer oder positiver — Impulse auf sich selbst.
70 Perls, Hefferline und Goodman, *Gestalttherapie* (1951), München 1991, Band »Praxis«, S. 168 f.

Sehnsucht nach mehr Lebendigkeit auf und bekam Raum. Ich ermutigte sie darin, den persönlichen »Verrücktheiten« nachzuspüren und damit zu experimentieren. In dem Maße, wie sie sich erlauben konnte, eigenen Interessen stärker zu folgen — auch wenn sie unangepasst waren —, versöhnte sie sich mit sich und mit den lebensfrohen jungen Leuten um sie herum.

Bocian, Bernd, *Fritz Perls in Berlin 1893-1933: Expressionismus – Psychoanalyse – Judentum*, Wuppertal 2007 (Peter Hammer Verlag)

Butollo, Willi; Krüsmann, Marion; Hagel, Maria, *Leben nach dem Trauma: Über den therapeutischen Umgang mit dem Entsetzen* (1998), Stuttgart 2002 (Klett-Cotta)

Doubrawa, Erhard; Staemmler, Frank-M. (Hg.), *Heilende Beziehung: Dialogische Gestalttherapie*, Wuppertal 2003 (Peter Hammer Verlag)

Frambach, Ludwig, *Identität und Befreiung in Gestalttherapie, Zen und christlicher Spiritualität*, Petersberg 1993 (Verlag Via Nova)

Francesetti, Gianni (Hg.), *Panic Attacks and Postmodernity: Gestalt Therapy Between Clinical and Social Perspectives*, Milano 2007 (Franco Angeli)

Kepner, James I., *Körperprozesse: Ein gestalttherapeutischer Ansatz*, Köln 1999 (Edition Humanistische Psychologie)

Perls, Frederick; Hefferline, Ralph; Goodman, Paul, *Gestalttherapie* (1951), Stuttgart 1979 und in einer neuen Übersetzung 2006 (Klett-Cotta); 2 Bände: *Wiederherstellung des Selbst* (Praxisübungen) sowie *Lebensfreude und Persönlichkeitsentfaltung* (Theorie). In der Taschenbuchausgabe München 1980 (dtv) mit der Übersetzung von 1979 tragen sie die Titel *Praxis* und *Grundlagen*. Kommentierte Ausschnitte in: Stefan Blankertz, *Gestalttherapie Essentials*, Wuppertal 2012 (Peter Hammer Verlag)

Perls, Laura, *Leben an der Grenze: Essays und Anmerkungen zur Gestalttherapie*, Köln 1989 (Edition Humanistische Psychologie)

Perls, Laura, *Meine Wildnis ist die Seele des Anderen: Der Weg zur Gestalttherapie. Laura Perls im Gespräch mit Daniel Rosenblatt*, Wuppertal 2005 (Peter Hammer Verlag)

Polster, Miriam und Erving, *Gestalttherapie: Theorie und Praxis der integrativen Gestalttherapie* (1975), Wuppertal 2009 (Peter Hammer Verlag)

Spagnuolo Lobb, Margherita; Amendt-Lyon, Nancy (Hg.), *Die Kunst der Gestalttherapie. Eine schöpferische Wechselbeziehung*, Wien und New York 2006 (Springer Verlag)

Yontef, Gary, *Awareness, Dialog, Prozess: Wege zu einer Relationalen Gestalttherapie*, Köln 1999 (Edition Humanistische Psychologie)

Zinker, Josef, *Gestalttherapie als kreativer Prozess* (1982), Paderborn 1993 (Jungfermann)

NACHWORT
VON RUTH REINBOTH

Gabriele Blankertz hat mich gebeten, ein Nachwort zu ihrem Buch zu schreiben. Ich freue mich, dass unsere langjährige kollegiale Beziehung nun auch diese Form findet.

Das kleine Buch von Gabriele Blankertz — eine Darstellung ihrer gestalttherapeutischen Arbeit anhand von Fallvignetten, die sie einerseits lyrisch und andererseits theoretisch einbettet, ist für KlientInnen, die etwas über die Praxis von Gestalttherapie erfahren wollen, einladend und anregend.

Wir erfahren ganz praktisch, was Gestalttherapie ausmacht: eine therapeutische Beziehung zu gestalten mit allem, was uns auf dem Hintergrund unserer Persönlichkeit und Ausbildung als TherapeutInnen zur Verfügung steht, seien es künstlerische oder andere kreative Medien, unsere Philosophie und Haltung und in erster Linie das Gespräch, der Dialog.

Die therapeutische Beziehung als geschützter dialogischer Raum wird wie unter der Hand spürbar, wobei die Gestalttheorie als Hintergrund unseres Handelns einen angemessenen Raum für das Begreifen erhält.

Den non-verbalen Ausdrucksmöglichkeiten, Formen der Vitalität, wie sie Daniel Stern erforscht hat, kommt in der gestalttherapeutischen Praxis von Gabriele Blankertz hohe Bedeutung zu. Die komplexe Arbeit, die vielfältige Synergie-Effekte hat, erlaubt es, sich im gemeinsamen Feld von verbalen und nonverbalen Ausdrucksformen, das TherapeutIn und KlientIn gemeinsam erschaffen, in immer weiterer Annäherung zu bewegen. Gestalttherapie bietet den praktischen und theoretischen Rahmen dafür.

Ich freue mich besonders, dass unser gemeinsames Ausstellungs-Projekt »Kunst heilt« vom Februar 2014, das die künstlerischen Arbeiten von zwei schwer traumatisierten Klientinnen zeigte — nein: das Antlitz des Anderen (Levinas) zur Erscheinung brachte, hier Eingang gefunden hat.

Im gesamten Buch gibt es berührende Momente, in denen, wie die alten Griechen sagen, der Gott erscheint, wenn TherapeutIn und KlientIn sich begegnen, in gestalttherapeutischer Sprache: in vollem Kontakt Figur und Hintergrund eins werden.

Als Leserin erlebe ich ein Angesprochen-Sein — ein unbestimmtes Sagen ohne bestimmte Aussage, einen Modus des Dazwischen in den Fallvignetten wie auch in den ausgewählten Gedichten. Für Paul Celan wie für Emmanuel Levinas ist das Gedicht seinem Wesen nach dialogisch, eine Suche, die dem Anderen gilt. Das trifft für mich die therapeutische Arbeit von Gabriele Blankertz am besten.

BITTE BEACHTEN SIE AUCH DIE FOLGENDEN SEITEN

In Kontakt *Gestaltinstitut Berlin* verstehen wir als den lebendigen Ort der Begegnung und des Kontaktes. Existenzielle Erfahrungen, wesentliche Erkenntnisse und heilendes Wissen zur Förderung der Lebensfreude, der persönlichen Entwicklung, zur Bewältigung Ihres Berufs und Alltags werden wir gemeinsam mit Ihnen in einem kreativen Prozess der experimentellen und sinnlichen Aneignung gewinnen.

Wir gehen davon aus, dass ...

■ **Wertschätzung** für das Gegenwärtige im Dialog und in der Begegnung mit Menschen die wichtigste Voraussetzung für Lern- und Veränderungsprozesse ist.

■ **Verbundenheit** mit uns selbst und anderen Menschen unser Verwurzelt-Sein in der Welt stärkt und ein verantwortungsvolles Handeln im beruflichen und persönlichen Leben ermöglicht.

■ **Entwicklung** in einem Raum stattfindet, der offen ist für das Experimentieren und Ausprobieren neuer Denk- und Handlungsweisen, sodass unmittelbar erfahren werden kann, dass Veränderung möglich ist.

INKONTAKT
gestaltinstitut berlin

Gleimstraße 37 · 10437 Berlin · 030-47 01 59 52
www.gestaltinstitut-berlin.com

InKontakt *Gestaltinstitut Berlin* bietet erfahrungs-orientierte Weiterbildungen für Gestalttherapeuten und Interessierte aus sozialen, medizinischen und pädagogischen Berufen aber auch Interessierte aus anderen beruflichen Umfeldern an. Seminare, Work-shops oder Jahresgruppen für die berufliche Fort-bildung und das persönliche Wachstum. Spezialisiert sind wir auf Gestalttherapie, das heißt, einen Ansatz, bei dem es in einzigartigerweise um die Feinheiten des Gewahrseins und die Wertschätzung für das Gegen-wärtige in uns und für unser Gegenüber geht. Diese Fähigkeit, zu sich und anderen einen lebendigen Kon-takt herzustellen, stärkt das schöpferische Potential.

InKontakt *Gestaltinstitut Berlin* wurde Ende 2014 von den drei Gestalttherapeutinnen Gabriele Blankertz, Christiane Weber und Silke Wolf gegründet. Unser Motto: »Kontakt ist die erste Wirklichkeit des Men-schen. Kontakt verbindet uns mit Anderen und mit der Welt, sodass wir uns entwickeln können. Lernen und Entwicklung ist die Entdeckung im Kontakt mit den Anderen, mit der Welt und mit uns selbst, dass etwas möglich ist.«

INKONTAKT
gestaltinstitut berlin

Gleimstraße 37 · 10437 Berlin · 030-47 01 59 52
www.gestaltinstitut-berlin.com

Lyrik von Stefan Blankertz in der edition g.

perfekt verdichtet:
Verse und andere Geschichten
2012, 131 Seiten, ISBN 978-3-8482-1648-2

kleine gebete
mit Marie T. Martin Nachdichtungen einiger von Paul
Goodmans *kleinen gebeten*. Herausgegeben von Erhard
Doubrawa, Nachwort von Georg Pernter
2012, 132 Seiten, ISBN 978-3-7322-3149-2

Ambrosius:
Callinische Hymnen
mit 12 Bildgebeten von Georgia von Schlieffen
2014, 124 Seiten, ISBN 978-3-7322-6214-4

Das Maodeking:
Gebet für Eutimio Guerra
2014, 124 Seiten, ISBN 978-3-7322-9602-6

Ruan Ji:
Zustandsbeschreibungen
mit 6 Kalligraphien von Georgia von Schlieffen
Hardcover
2014, 60 Seiten, ISBN 978-3-7357-2541-7

Sappho, gegendert
mit 3 Faksimile-Seiten
Ringbuch
2015, 60 Seiten, ISBN 978-3-7347-1682-9